Christine Wagener

Traumreisen für Rollstuhlfahrer

D1725649

Christine Wagener

Traumreisen
für Rollstuhlfahrer
und Menschen mit Gehbehinderung

Europa – Asien – Afrika
individuell entdecken
Erfahrungen, Tipps und Tricks

DELPHYS

Für dich
in Liebe.
Dein ist mein ganzes Herz.

Inhalt

Willkommen

*Auch im Rollstuhl können Sie Traumreisen machen –
es gilt: Gewusst, wie!*

Vor dem Ägyptischen Museum in Kairo.

Traumreisen

Auch im Rollstuhl oder mit einer Gehbehinderung können Sie Traumreisen machen – es gilt: Gewusst wie!

Hier finden Sie viele hilfreiche Erfahrungen, Tipps und Tricks, die Ihnen das Leben unterwegs sehr erleichtern werden. Im Unterschied zu den Globetrottern müssen »Globe-roller« etwas sorgfältiger planen. Dann aber gibt es (fast) keine Grenzen. Egal, wie es Ihnen geht – wenn Sie zu Hause klar kommen, schaffen Sie es überall.

Die Welt entdecken

Ich bin eine junge Rollstuhlfahrerin, deren größter Wunsch es ist, etwas von der Welt zu sehen. Die viel wichtigere Person aber ist mein Freund, ein kluger, starker Zweimeter-Mann. Er ist ein erfahrener Traveller, war schon oft in Europa, in den USA, in der Karibik und in Südostasien unterwegs. Und ist dabei immer gesund geblieben! In den vergangenen fünf Jahren haben wir alle Reisen gemacht, von denen wir beide geträumt haben.

Diese Traumreisen stellen wir Ihnen hier vor – mit vielen Erfahrungen, Tipps und Tricks drumherum. Das ist nicht so gedacht, dass Sie diese Reisen nun genauso nachmachen (obwohl Sie das natürlich können). Dieses Buch möchte Ihnen Mut machen, sich Ihre eigenen Träume zu erfüllen.

Für jeden das Richtige

Die meisten Rollstuhlfahrer können noch einige Schritte laufen – mühsam und langsam, aber immerhin! Einige aber können gar nicht mehr aus ihrem Rollstuhl aufstehen oder sind pflegebedürftig. Und wieder andere – meistens Senioren oder junge Menschen mit MS – sind gar keine »richtigen« Rollstuhlfahrer, sondern kämpfen sich tapfer mit einer Gehhilfe durch die Gegend.

Eines aber haben wir alle gemeinsam: Wir möchten in Urlaub fahren, wie andere Menschen auch, und wir brauchen das richtige Hotel dafür. Hier im Buch finden Sie Hotels und Reisevorschläge für jede Art der Behinderung, egal ob gehfähig oder nicht. Alle haben wir persönlich getestet.

Die schönste Reise ist die Liebe

Ich danke meinem Liebsten No, der ein verantwortungsbewusster Mann ist. Er ist mit mir um die Welt gereist, und wir haben unglaublich viel Schönes erlebt.

Und nun wünschen wir *Ihnen*: Viel Freude beim Entdecken!

Die 7 wichtigsten Tipps für unterwegs

Bloß keine falsche Tapferkeit ...

Alle Reiseveranstalter und Fluglinien sind heute auf gehbehinderte Personen und Rollstuhlfahrer eingestellt – man muss sich nur vorher richtig anmelden.

... aber: Ein bisschen »tough« muss sein!

Auf Reisen passieren immer wieder unvorhergesehene Dinge. Nehmen Sie es sportlich! Auf Reisen gilt: Egal, was passiert – gejammert wird nicht!

Die Eitelkeit bleibt zu Hause

Es ist erstaunlich, wie wenig Gepäck man (auch als Frau!) braucht, wenn man die Eitelkeit zu Hause lässt und nur die wichtigsten Dinge mitnimmt.

Hut auf!

Viele Menschen mit einer Gehbehinderung oder im Rollstuhl reagieren empfindlich auf Sonne und Hitze, tragen aber erstaunlicherweise keinen Hut. Egal, wie es aussieht: Hut auf!

Sonnenbrille auf!

Am Mittelmeer, in Afrika und Asien brauchen Sie eine gute dunkle Sonnenbrille. Die Investition lohnt sich, denn sonst tränen Ihnen die Augen und Sie ermüden sehr schnell. Die Frage »Wohin damit zwischendurch?« löse ich persönlich mit einer Bluse, die Brusttaschen hat. Oder Sie hängen die Brille an einem Band um den Hals.

Auf sauberes Trinkwasser achten

Das größte Gesundheitsproblem unterwegs ist in vielen Gebieten der Erde, dass es kein sauberes Trinkwasser gibt.

Nur in Deutschland, Österreich, der Schweiz und in Skandinavien können Sie das Leitungswasser trinken. In allen anderen Ländern (auch Italien!) müssen Sie mit einer hohen Bakterienbelastung rechnen. Bei Menschen mit einem schwachen Immunsystem (Babys, Kinder, Senioren, chronisch Kranke) kann das einige Tage Durchfall und Erbrechen bedeuten.

Lassen Sie auf Reisen besser die Hände von allem, wo Leitungswasser drin oder dran sein könnte (auch Kaffee, Tee, Eiswürfel, Säfte vom Büffett). Trinken Sie lieber eine Cola zum Frühstück (aus einer Originalflasche, die Sie selber öffnen) und nehmen Sie sauberes Wasser in Flaschen, auch zum Zähneputzen. In den betroffenen

Regionen gibt es in Lebensmittelläden und in den Minibars der Hotelzimmer sauberes Wasser in Flaschen. Und das gilt auch umgekehrt: Gibt es irgendwo die großen Plastikflaschen mit Trinkwasser zu kaufen (z.B. in Norditalien und am Gardasee), dann wissen Sie: Hände weg vom Leitungswasser: Es ist kein Trinkwasser!

Malaria-frei

Tun Sie Ihrer Gesundheit etwas Gutes und wählen Sie Reiseziele, die frei von Malaria sind – zumindestens zur Reisezeit.

Zugegeben: Damit fallen viele beliebte Reiseziele weg, z.B. die Küste von Ostafrika am Indischen Ozean (Kenia, Tansania) und alle Reiseziele am Äquator (z.B. Indonesien, Bali, Sumatra). Dafür brauchen Sie keine nebenwirkungsreichen Medikamente zur Malaria-Prophylaxe, und Sie sparen sich das Theater mit dem Mückennetz überm Bett. Dieses sieht zwar romantisch aus, aber mit einem Rollstuhl oder einem Stock ist es wirklich sehr lästig. Und übrigens: In Regionen mit Malaria gibt es oft auch andere ernsthafte Krankheiten (z.B. Dengue-Fieber, Typhus, Tuberkulose, Gelbfieber). Muss nicht sein!

Alle in diesem Buch angegebenen Reiseziele sind zur empfohlenen Reisezeit Malaria-frei.

KAPITEL 1

Das Reiseziel auswählen

Was wirklich schwierig ist und was ideal ist –
es gibt (fast) keine Grenzen!

Spüre in deinem Herzen die Freude, dass du
am Leben bist, dass du die Sonne siehst, dass du
auf dieser wundervollen Erde bist, die darauf
wartet, dass du sie entdeckst und dich an ihr freust.

WILLIAM OSLER

Was wirklich schwierig ist

Auch mit einer Gehbehinderung oder im Rollstuhl kommt man fast überall hin! Wenn es Ihr größter Wunsch ist, einmal in Ihrem Leben aufs Dach der Welt zu reisen und in Nepal durch die Hauptstraße von Kathmandu zu rollen, dann kommen Sie auch dorthin! Ich kenne nur wenige Reiseziele, die für Rollstuhlfahrer und stark gehbehinderte Menschen wirklich schwierig sind. Hier sind sie:

Flußkreuzfahrt auf dem Nil (Ägypten)

Die wenigen barrierefreien 5-Sterne-Kreuzfahrtschiffe auf dem Nil, die es gibt, werden von britischen oder amerikanischen Agenturen angeboten (accessible nile river cruises, z.B. von Accessible Journeys, siehe auch Kapitel 17 *Links*). Von deutschen Reisebüros wird momentan auf dem Nil (und auf anderen Flüssen) leider kein Schiff angeboten, das für Rollstühle zugänglich ist. Schiffe für Flusskreuzfahrten sind hoch und eng, und die verschiedenen Decks sind oft nur durch Wendeltreppen verbunden. Noch dazu legen an berühmten Sehenswürdigkeiten mehrere Schiffe nebeneinander an (nicht hintereinander, sondern nebeneinander!). Es werden dann Holzbretter von einem Schiff zum anderen gelegt, und die Passagiere müssen über diese schrägen Planken über alle Schiffe bis ans Ufer balancieren.

Accessible Journeys
▶▶ www.disabilitytravel.com

AIDA Kreuzfahrt
▶▶ www.aida.de

Am Kai selber ist oft noch eine Treppe zu bewältigen.

Eine andere Sache sind Kreuzfahrtschiffe auf dem Meeren: Sie sind viel größer und breiter, haben Aufzüge und auch größere Kabinen. Es gibt sogar Schiffe (z.B. die Clubschiffe von AIDA), die eine barrrierefreie Kabine für Rollstuhlfahrer mitsamt Roll-In Dusche anbieten (siehe auch Kapitel 2 *Hotels – Rollstuhl deutsch-englisch*). Kreuzfahrten sind nur Rollstuhlfahrern möglich, die noch stehen, einige Schritte gehen und sich selber umsetzen können.

Skiurlaub in den Alpen

Ich weiß – es gibt sogar Rollstuhlfahrer, die auf einem Bein Ski fahren. Ich selber bin nicht so eine tapfere Heldin, sondern möchte einfach nur einen schönen Urlaub machen (dazu gehören für mich vor allem viel Wärme, viel Sonne und viel Ruhe!). Und bisher ist es mir wirklich ein Rätsel, wie man in Oberstdorf oder in Kitzbühel voran kommt, wenn dort hoher Schnee liegt. Sobald man aus dem Auto steigt, ist Schluss. Im hohen

Schnee kommt man mit einem Rollstuhl nicht vorwärts. Man fährt sich sofort fest. Auch mit einem Stock ist es bei höherem Schnee oder Eis beschwerlich, vor allem in bergigem Gelände. Skiurlaub ist nur möglich, wenn der Partner Ski läuft und der Rollstuhlfahrer den Tag im Hotel verbringt (Schwimmbad, Fitnesstudio, Laptop usw.). Und das Hotel muss eine Tiefgarage haben, von der aus ein Aufzug direkt oben ins Hotel fährt.

Sahara und Karibik

Einmal die Sahara durchqueren, abends am Lagerfeuer sitzen, ein funkelndes Sternenzelt über sich – sicher eines der großen Abenteuer der Erde. Aber im Rollstuhl? Nicht völlig unmöglich, aber doch schwierig! In einen hohen Jeep hinein- und wieder hinausklettern, in einem kleinen wackeligen Zelt übernachten, in einen Schlafsack auf dem Boden schlüpfen … dafür braucht man doch eine gewisse körperliche Fitness. Und: Mit einem Rollstuhl kommt man im hohen Sand nicht vorwärts.

Auch einen Urlaub in der Karibik stelle ich mir eher schwierig vor. Was auf einer Postkarte sehr idyllisch aussieht – blaues Meer, weißer Strand mit Palmen – ist für Reisende mit Stock oder Rollstuhl nur möglich, wenn das Hotel eine befestigte Promenade hat. Aber keine Regel ohne Ausnahmen: Es gibt zwei Tophotels in der Karibik, die barrierefreie Zimmer für Rollstuhlfahrer anbieten. Sie gehören zur H10-Hotelgruppe, die

Barrierefreie Hotels in der Karibik
H10 Ocean Blue und H10 Ocean Sand
Punta Cana, Dominikanische Republik
▸▸ www.h10hotels.com

in jedem ihrer Hotels weltweit eine Suite für Rollstuhlfahrer zur Verfügung stellt und weitgehend barrierefrei ist: beim Restaurant, an den Pools, im Garten und am Strand (siehe auch Kapitel 7 *Lanzarote*).

Übrigens: Barrierefrei ist etwas anderes als rollstuhlgerecht! (Siehe auch Kapitel 2 *Hotel*).

Kleine Inseln (Mittelmeer)

Ob Santorin im Mittelmeer oder die Seychellen im Indischen Ozean – je kleiner die Insel, desto steiler, und je billiger das Hotel, desto mehr Treppen (siehe auch Kapitel 2 *Hotel*). Wenn Sie dort in einer günstigen Dreisterne-Anlage Urlaub machen, kann es Ihnen passieren, dass Sie Ihren kleinen Bungalow nur über viele Stufen erreichen und große Teile des Tages auf dem Zimmer verbringen müssen. Auch das Restaurant und der Strand sind eventuell nur über Treppen erreichbar. Das bedeutet, Sie hängen fest, und Ihr Partner muss Ihnen etwas zu essen bringen, denn einen Zimmerservice gibt es in dieser Hotelkategorie nicht.

Wenn Sie unbedingt auf eine kleine Insel möchten, würde ich persönlich nach den Hotels in direkter Strandlage Ausschau halten (siehe unten »Was ideal ist« und auch Kapitel 2 *Hotel*). Dort ist es eben, die Hotels und wahrscheinlich auch die Strände sind in der Regel gut zugängig – aber auch nur dann, wenn Sie zum Meer nicht über eine Treppe hinunter müssen. Genau erkundigen!

Auch hier gibt es eine Ausnahme: Auf Kreta gibt es eine kleine, hübsche, vollkommen rollstuhlgerechte Anlage, das Eria Resort, das nach der kleinen Tochter des Inhabers benannt ist (siehe auch Kapitel 12 *Wenn Sie gar nicht laufen können*).

Was ideal ist

Nicht umsonst fliegen alle Rollstuhlfahrer so gerne nach Teneriffa, und viele überwintern sogar dort: Playa de las Americas hat eine schöne lange Strandpromenade, und viele schöne Vier- und Fünf-Sterne-Hotels, die direkt daran liegen, sind barrierefrei und haben Zimmer auch für Rollstuhlfahrer (siehe auch Kapitel 2 *Hotel*).

Es gibt sogar ein Hotel, das vollkommen rollstuhlgerecht ist und somit auch für nicht gehfähige und pflegebedürftige Gäste geeignet ist (das Sheraton La Caleta, angeboten von Runa Reisen, siehe Kapitel 2 *Hotel*, Kapitel 12 *Wenn Sie gar nicht laufen können* und Anhang *Liste Hotels*).

Was für Rollstuhlfahrer ideal ist

- Flache Umgebung
- Asphaltierte Wege
- Barrierefreies Hotel
- Sonne und Wärme

Was mit dem Rollstuhl nicht geht

- Sand
- Schnee
- Berge

Die Promenade ist ein flacher, breiter, glatt betonierter Weg. Alle paar Meter steht eine Bank zum Ausruhen. Diese Promenade eignet sich deshalb nicht nur perfekt für Rollstuhlfahrer, sondern auch für gehbehinderte Menschen. Man wohnt in einem tollen Hotel, hat einen schönen Hotelgarten mit Pool, kann bequem aufs Meer schauen. Und das alles bei Wärme und Sonne – der perfekte Urlaub!

Eine sehr viel kürzere, aber ebenfalls sehr schöne und ganz flache Promenade hatten wir in Ägypten am Roten Meer in der Makadi Bay. Dort gibt es ein ganzes Hoteldorf mit Hotels und Läden, einer Bank mit Geldautomat und einem Kodak-Fotoladen. Iberotel hat zwei schöne Hotels in direkter Strandlage, die durch eine Promenade miteinander verbunden sind. Beide haben Zimmer auch für Rollstuhlfahrer (Makadi Beach und

Makadi Saraya Resort). Traumhaft schöne Gärten und Palmen auf der einen Seite, Sand, Liegen und Meer auf der anderen – und auch als Rollstuhlfahrer kann man dort entlang fahren (siehe auch Kapitel 10 *Ägypten*).

KAPITEL 2

Das Hotel auswählen

*Worauf man achten muss und
wie man in Reisekatalogen zwischen den Zeilen liest*

Wichtige Unterschiede

Nicht jedes Hotel, das im Katalog oder im Internet ein Rollstuhlsymbol hat, ist auch wirklich ein rundum rollstuhlgeeignetes Hotel. Es gibt wichtige Unterschiede.

In der Realität trifft man auf fünf verschiedene Arten von Hotels:

> 0. Nicht für Rollstuhlfahrer geeignet
> 1. Zimmer, die (auch) für Rollstuhlfahrer geeignet sind
> 2. Barrierefreies Hotel
> 3. Rollstuhlgerechtes Hotel
> 4. Rollstuhlgerechtes Hotel mit Pflege

Die erste Kategorie ist für Rollstuhlfahrer und gehbehinderte Menschen nicht geeignet. Die Kategorien 1 und 2 eignen sich nur für Rollstuhlfahrer, die gehfähig sind. In den Kategorien 3 und 4 kommen auch Rollstuhlfahrer zurecht, die gar nicht stehen oder laufen können.

0. Nicht für Rollstuhlfahrer geeignet

Es gibt sehr viele Hotels, die überhaupt nicht für Rollstuhlfahrer geeignet sind. Dazu gehören alle zweistöckigen Gebäude, die nicht über einen Aufzug verfügen und die in der Umgebung und am Eingang des Hauses mehrere Stufen oder Treppen haben. Eine einzige Stufe lässt sich im Rollstuhl mit Hilfe einer Begleitperson überwinden. Mehrere Stufen aber müssen zu Fuß bewältigt werden. Ebenfalls mit dem Rollstuhl nicht passierbar ist eine schmale Badezimmertür von weniger als 70 Zentimeter.

99 Prozent aller Privathäuser und leider auch die meisten Ferienwohnungen und kleineren Hotels sind so gebaut. Solche Unterkünfte fallen für Rollstuhlfahrer fast immer weg: »Bed & Breakfast« in England, »Zimmer frei« im Allgäu, ein kleines malerisches Hotel ganz oben auf der griechischen Insel Santorin oder eine Holzhütte in den Bergen – für Rollstuhlfahrer meistens nichts, leider! Es sei denn, es ist ausdrücklich erwähnt.

1. Zimmer, die (auch) für Rollstuhlfahrer geeignet sind

Viele Hotels bieten heute Zimmer an, die (auch) für Gäste im Rollstuhl geeignet sind – wenn einer kommt –, meistens aber natürlich an gesunde Gäste vergeben werden. In Hotelbeschreibungen ist dieses Angebot mit einem Rollstuhlsymbol gekennzeichnet. Was steckt dahinter?

Meistens versteht das Hotel darunter nur, dass das Zimmer groß genug ist, um sich dort mit einem Rollstuhl bewegen zu können, und dass die Tür zum Badezimmer breit genug ist, um mit einem Rollstuhl hinein zu kommen (mindestens 70 Zentimeter). Außerdem ist das Zimmer ohne Stufen erreichbar, liegt also im Erdgeschoss, oder im Haus gibt es einen Aufzug. Immerhin! Aber Vorsicht: Das Badezimmer ist ein normales mit Dusche oder Badewanne.

Diese Anforderungen sind das absolute Minimum für einen Rollstuhlfahrer. Sie bedeuten noch nicht, dass das ganze Hotel barrierefrei ist. So kann es zum Beispiel sein, dass das Restaurant nur über eine Treppe erreichbar ist oder dass es auf dem Weg zum Pool einige Stufen gibt.

Ganz wichtig: In diese Rubrik fallen die allermeisten Hotels, die ein Rollstuhlsymbol tragen. Sie sind nur für Rollstuhlfahrer geeignet, die einige Schritte gehen können und in eine normale Dusche oder Badewanne klettern können.

Hotelbeschreibungen richtig lesen

Was in einer Hotelbeschreibung im Katalog oder Internet an Komfort nicht erwähnt ist, das gibt es auch nicht! Steht dort zum Beispiel nichts von einem Aufzug, dann ist von Treppen auszugehen. Und ebenfalls ganz wichtig: Alle Infos, die *nicht im Katalog* stehen (Infos der Hotelangestellten per Telefon oder E-Mail) sind *nicht verbindlich*! Wenn Sie beispielsweise fragen: »Do you have a wheelchair accessible room with a roll-in shower?«, verstehen wahrscheinlich die meisten Hotelmitarbeiter gar nicht, was Sie überhaupt meinen. Verbindlich sind nur die Beschreibungen im Reisekatalog und auf den Internetseiten des Hotels.

2. Barrierefreies Hotel

In diese Kategorie fallen jene Hotels, die Zimmer (auch) für Rollstuhlfahrer anbieten *und* auf ihrem ganzen Hotelgelände keine einzige Stufe oder Treppe haben. Sehr lobenswert! Ein Hotel ist in der Regel umso barrierefreier, je neuer und größer es ist und je mehr Sterne es hat.

Aber Achtung: Alle Hotels dieser Rubrik haben ein normales Badezimmer. Dort kommt man nur zurecht, wenn man in der Lage ist, in eine Badwanne oder Dusche zu klettern (eventuell mit Badebrett oder Dusch-

Empfehlenswert!
Es gibt einige Hotelgruppen, die in fast jedem ihrer Hotels weltweit Zimmer auch für Rollstuhlfahrer anbieten *und* barrierefrei sind. Dazu gehören die französischen Hotelketten Sofitel und Etap, die Schweizer Mövenpick-Kette, die amerikanischen Gruppen Hyatt und Sheraton, die spanische Kette H10 sowie die Hotelgruppen Iberotel und Iberostar.
▸▸ www.h10hotels.com
▸▸ www.hyatt.com
▸▸ www.iberotel.com
▸▸ www.iberostar.com
▸▸ www.moevenpick-hotels.com
▸▸ www.sheraton.com
▸▸ www.sofitel.com

stuhl, siehe auch Kapitel 5 *Reisegepäck*). Denn es gilt: Barrierefrei ist noch nicht rollstuhlgerecht!

Wenn Sie ein gehfähiger Rollstuhlfahrer sind und bei einem großen Reiseveranstalter wie TUI oder Neckermann Reisen buchen möchten, suchen Sie sich immer das neueste und beste Hotel an Ihrem Wunschziel. Und dann prüfen Sie anhand der Hotelbeschreibungen im Katalog und im Internet, ob Sie zurecht kommen. Immer oben bei den Sternen anfangen, nicht anders herum! Und selbst wenn der Urlaub dann hundert Euro mehr kostet – wenn Sie dafür nicht ständig mit Hindernissen kämpfen müssen, lohnt es sich.

3. Rollstuhlgerechtes Hotel

Viele Rollstuhlfahrer können überhaupt nicht laufen, stehen oder sich ohne Haltegriffe umsetzen. In einem normalen Badezimmer kommt man dann nicht zurecht, in einem normalen Hotelzimmer auch nicht. Dann darf's ein bisschen mehr an Hilfe sein!

Eine wirklich rollstuhlgerechte Unterkunft, das bedeutet: Im Zimmer, im Badezimmer, im Restaurant, im

Garten, am Pool, am Strand … einfach überall kommt man zurecht, auch wenn man überhaupt nicht mehr stehen oder gehen kann, sondern eben immer im Rollstuhl sitzen muss. Es gibt keine Stufen und keine Treppen, dafür viele intelligent angebrachte Haltegriffe und im Badezimmer eine bodengleiche Dusche. Man kommt ohne Hilfe auf den Balkon oder in den Garten und kann dort glücklich in der Sonne sitzen. Man kann in die Dusche rollen und sich selber den Kopf einschäumen. Hier kann man wirklich selbstständig sein – was ja alle Rollstuhlfahrer so gerne möchten! In einer solchen Unterkunft ist es oft bequemer als zu Hause. Manchmal gibt es auf Wunsch auch noch zusätzliche Hilfsmittel zu mieten, wie Duschrollstühle oder Lifter.

Es gibt nur sehr wenige wirklich rollstuhlgerechte Hotels, in denen eben auch Rollstuhlfahrer zurecht kommen, die gar nicht stehen oder gehen können. Man muss sie suchen wie die sprichwörtliche Nadel im Heuhaufen. Sie sind meistens bei Spezialanbietern buchbar

(siehe auch Kapitel 12 *Wenn Sie gar nicht laufen können*). Bei einem Spezialanbieter kann man telefonisch buchen und bekommt auch Hilfe bei der Flugbuchung. Denn auch beim Fliegen braucht man etwas mehr an Hilfe, wenn

Rollstuhl Deutsch – Englisch

Rollstuhl	Wheelchair
Zimmer (auch) für Rollstuhlfahrer	Wheelchair accessible room
Weitgehend barrierefreies Hotel	Wheelchair accessible hotel
Wirklich rollstuhlgerecht	Fully wheelchair accessible
Ferienwohnung	Holiday home
Bodengleiche Dusche	Roll in (oder: wheel in) shower
Deckenlifter	Overhead tracking hoist (oder ceiling lift)
Patientenlifter	Patient lift
Duschstuhl	Shower chair
Duschrollstuhl	Shower wheelchair
Nebenan	En-suite
Die Toilette ist nebenan.	En-suite toilet
Haltegriff	Grab rail (oder einfach: grab)
Haltegriff zum Hochklappen	Drop down rail
Rampe am Eingang	Ramp at the entrance
Keine Stufen	No steps
Erdgeschoss	Ground floor
Aufzug	Elevator (nicht: Lift!)
Hilfe	Assistance
Rollstuhl zum Ausleihen	Wheelchair hire available

man so schwer behindert ist (siehe auch Kapitel 3 *Airline*). Die Experten bei diesen Reisebüros sind oft selber Rollstuhlfahrer oder sie haben einen Ehepartner im Rollstuhl. Deshalb wissen sie sehr gut Bescheid und kennen meistens sogar die Unterkünfte persönlich, weil sie selber schon dort waren.

Wenn Sie etwas suchen und nicht finden (z.B. bei Google im Internet), versuchen Sie es mal auf englisch! Es gibt viele exzellente US-Seiten zum Thema »Reisen«. Die Amerikaner haben uns beim Thema Behindertenfreundlichkeit wirklich etwas voraus. Und sie sind in der ganzen Welt unterwegs! (So habe ich beispielsweise die barrierefreien Kreuzfahrtschiffe auf dem Nil entdeckt, Suchwort *nile river cruises*, siehe Kapitel 1 *Reiseziele*).

Rollstuhlgerechte Ferienwohnungen

Ferienwohnungen für Rollstuhlfahrer gibt es sehr viel häufiger als rollstuhlgerechte Hotels. Es gibt viele gute Anbieter (hier nur eine Auswahl). Aber Achtung: In einer Ferienwohnung muss man wirklich alles selber machen! Es gibt kein Frühstück, kein Abendessen, keine frischen Handtücher, kein täglich aufgeräumtes und geputztes Zimmer, kein frisch gemachtes Bett, keine Hilfe bei der Pflege. Ein Urlaub in einer Ferienwohnung ist für einen Rollstuhlfahrer nur zu empfehlen, wenn mehrere gesunde Begleitpersonen dabei sind. Für *eine* einzige gesunde Begleitperson ist es eigentlich kein

Ferienwohnungen für Rollstuhlfahrer
▸▸ www.rollstuhl-urlaub.de

1000 Wohnungen in mehr als 30 Ländern
▸▸ www.rollstuhl-ferienwohnungen.eu

Barrierefreie Ferienwohnungen und Ferienhäuser in Europa
▸▸ www.ferienwohnungen.de/barrierefrei

Rollstuhlgerechte Ferienwohnungen in Dänemark
▸▸ www.sonneundstrand.de/kampagne/rollstuhlhaus/roll-stuhlhaus.aspx

Rollstuhlgerechte Ferienwohnungen auf Zypern
▸▸ www.evas-apartments.com

Rollstuhlgerechte Ferienwohnungen weltweit
▸▸ www.accessibleaccommodation.com

Urlaub – Auto fahren, einkaufen, Frühstück machen, Mittagessen und Abendessen kochen, aufräumen, Betten machen, Badezimmer wischen, dem Rollstuhlfahrer auf die Toilette helfen, ins Bett helfen, auf die Sonnenliege helfen, in den Pool helfen … das ist mehr Arbeit als zu Hause (siehe auch Kapitel 12 *Wenn Sie gar nicht laufen können*).

Egal ob Ferienwohnung oder Hotel: Wenn ein Rollstuhlfahrer Hilfe oder Pflege braucht, muss diese im Urlaub vollständig durch die Begleitperson geleistet werden. Wenn man eine Pflege mitbuchen möchte, gibt es nur eine kleine Handvoll geeigneter Unterkünfte.

4. Rollstuhlgerechtes Hotel mit Pflege

Rollstuhlgerechte Hotels mit einem extra Pflegeangebot kann man an einer Hand abzählen. Sie sind über die gleichen Spezialanbieter buchbar wie die rollstuhlgerechten Unterkünfte ohne Pflege (siehe auch Kapitel 12 *Wenn Sie gar nicht laufen können*).

Die Kosten müssen vollständig privat getragen werden. Die gesetzliche Pflegekasse leistet nur den üblichen monatlichen Sockelbetrag: 400 Euro an den Pflegebedürftigen oder 980 Euro an den Pflegedienst zu Hause (Pflegestufe II). Man spart zwar die hohen Zuzahlungen zu Hause, aber man hat die noch höheren Kosten am Urlaubsort. Die persönlichere Alternative ist ein Urlaub mit Assistenz. Viele Krankenschwestern

Buchtipps zur Pflege
- Markus Breitscheidel: Gesund gepflegt statt abgezockt. Wege zur würdigen Altenbetreuung
- Christoph Lixenfeld: Niemand muss ins Heim. Menschenwürdig und bezahlbar – ein Plädoyer für die häusliche Pflege

und Pflegekräfte reisen gerne als Hilfe mit, auch bei schweren Pflegefällen. Meistens kennt man sich privat, es gibt aber auch Hilfen bei der Vermittlung.

Auch diese Kosten müssen vollständig privat getragen werden, in jedem Fall muss der Urlaub für die Assistenz bezahlt werden. Für den Rollstuhlfahrer bedeutet das doppelte Reisekosten (siehe auch Kapitel 12 *Wenn Sie gar nicht laufen können*).

Wohnen im Ausland?

Fast alle Rollstuhlfahrer träumen davon: Wohnen im Ausland! Nie wieder der kalte deutsche Winter mit Regen und Schnee!

Wohnen im Ausland kann jedoch eine riskante Geschichte werden. Viele deutsche Rentner verarmen im Ausland, wenn sie plötzlich pflegebedürftig werden. Die Kosten für einen Pflegedienst können ganz schnell 1.000 bis 2.000 Euro und mehr im Monat betragen. Die deutsche Pflegeversicherung trägt davon, zum Beispiel in Pflegestufe II, etwa 980 Euro, die direkt an den Pflegedienst gezahlt werden. Der ganze Rest, meistens mindestens noch einmal genauso viel, muss vom Pflegebedürftigen selber aufgebracht werden. So viel Geld aber ist in der Regel nur verfügbar, wenn ein Haus oder eine Wohnung »verflüssigt« werden können. Und bei Pflegekosten von etwa 20.000 Euro pro Jahr ist ein Sparkonto schnell weg. Schon in Deutschland ist eine Pflege sehr teuer.

Aber noch teurer kann es im Ausland werden!

Denn, ganz wichtig zu wissen: Im Ausland gibt es *keine* Leistungen aus der deutschen gesetzlichen Krankenkasse und Pflegeversicherung.

Es soll verhindert werden, dass reiche Deutsche in Spanien in der Sonne liegen – und mit dem knappen Geld der deutschen Versichertengemeinschaft ihre Pflege bezahlen. Bei Bezug von Leistungen aus der Pflegeversicherung wird deshalb die Anwesenheit in Deutschland in kurzen Abständen durch den Medizinischen Dienst überprüft. Und nur mal alle paar Monate heim nach Deutschland fliegen, um zum Arzt zu gehen, das kann man bei Pflegebedürftigkeit nicht mehr. Und so muss *alles* selber bezahlt werden: jeder Arztbesuch, jeder Zahnarztbesuch, jeder Aufenthalt im Krankenhaus, jeder Besuch vom Pflegedienst, alle Medikamente, alle Hilfsmittel (ein Lifter kostet etwa 5.000 Euro)!

Auf gar keinen Fall sollte man auch eine abbezahlte und sichere Immobilie in Deutschland verkaufen, um sich Eigentum im Ausland zuzulegen. Lieber anders herum: Wenn man nicht mehr in der Lage ist, ins Ausland zu reisen, die Finca dort verkaufen und damit die Pflege hier bezahlen. Wer als Rollstuhlfahrer nicht wirklich reich ist – also hier *und* im Ausland Eigentum besitzt – sollte so planen, dass er entweder jederzeit nach Deutschland zurück kann oder eine irgendwann nötig werdende Pflege gänzlich im Ausland organisieren kann. (Außerhalb der Euro-Zone ist das vielleicht sogar billiger als in Deutschland.)

Fast jeder Mensch wird irgendwann pflegebedürftig, und die Kosten dafür sind wirklich gigantisch. Im letzten Lebensabschnitt ist das Leben am teuersten, und bei einem Rollstuhlfahrer können das durchaus fünf Jahre und mehr werden. Alles das will gut geplant und organisiert sein. Wenn man es dann doch nicht braucht, was aber eher unwahrscheinlich ist – umso besser!

> *Jeder Mensch will alt werden,*
> *aber jung bleiben.*
> SPRICHWORT

KAPITEL 3

Die Anmeldung bei der Airline

Der wichtigste Moment Ihrer ganzen Reiseplanung: Was Sie wissen müssen, weil das Reisebüro es Ihnen nicht sagt

»Können Sie noch einige Schritte laufen?«

Wenn Sie als Rollstuhlfahrer im Reisebüro sind und Ihre Reise buchen, werden Sie gefragt: »Können Sie noch einige Schritte laufen?«

Dies ist der wichtigste Moment Ihrer gesamten Reiseplanung. Hier müssen Sie wirklich aufmerksam sein und Acht geben.

Sagen Sie bitte nur dann »Ja!«, wenn Sie noch etwa eine *halbe Stunde* nonstop laufen und auch gut Treppen steigen können! In allen anderen Fällen, auch wenn Sie zu Hause in der Wohnung durchaus noch drei, vier Schritte laufen können, sagen Sie bitte: »Nein!«

Denn mit der Frage »Können Sie noch einige Schritte laufen?« meinen jedes Reisebüro und jede Fluggesellschaft der Welt: »Kommen Sie alleine ins Flugzeug, bis zu Ihrem Sitz? Und zwar auch dann, wenn Sie in einen Bus und über eine Gangway müssen?«

So besser nicht!

Keine Fluggesellschaft der Welt mag unvorhergesehene Ereignisse am Flughafen.

Wenn Sie als gehbehinderter Mensch stundenlang in einer langen Warteschlange stehen müssen, werden Sie schnell erschöpft und können nicht mehr stehen. Wenn

Sie sich dann vordrängeln, zum Schalter wackeln und fragen, ob Sie bevorzugt abgefertigt werden können, werden Sie hören: »Stellen Sie sich bitte wieder an.« Wenn Sie dann Ärger machen oder mit Tränen in den Augen und weichen Knien zusammen sinken, kann es Ihnen passieren, dass ein grimmiger Wachmann Sie aus dem Flughafengelände begleitet. Und aus ist es mit Ihrer Reise! Flug weg, Geld weg. Besser von Anfang an intelligent organisieren.

Das gilt nicht nur für Deutschland, sondern weltweit. Besonders pingelig sind die Airlines und die Flughafenpolizei bei der Einreise in die USA und immer dann, wenn Sie von außerhalb der EU dahin zurückkehren.

Grundsätzlich gibt es zwei verschiedene Möglichkeiten, sich als Rollstuhlfahrer oder gehbehinderter Mensch bei einer Fluggesellschaft anzumelden.

Version 1
»Ja, ich kann noch einige Schritte laufen.«

Sie können noch etwa eine halbe Stunde laufen und kommen alleine ins Flugzeug, auch mit einem Bus und über eine Treppe. Sie sind kein »richtiger Rollstuhlfahrer«, sondern nur gehbehindert. Sie bewältigen die langen Wege, Warteschlangen und Rolltreppen im Flughafen nicht mehr.

Extra Service des Flughafens: Auf Vorbestellung bei Ihrer Reisebuchung bekommen Sie eine Begleitperson und einen Leihrollstuhl für den Flughafen.

Folgendes passiert: Am Check-In Schalter Ihrer Fluggesellschaft kommt eine freundliche junge Dame zu Ihnen, die einen Leihrollstuhl dabei hat und Sie bequem durch den gesamten Flughafen fährt. Ihre Hilfe bringt Sie bevorzugt durch die Sicherheitskontrolle, die Passkontrolle und den Zoll. Wo Sie früher mühsam stundenlang anstehen mussten und sich immer wieder mit wackeligen Knien auf Ihren Koffer gesetzt haben, werden Sie nun wie ein V.I.P. ruckzuck an allen Warteschlangen vorbeigerollt. Wenn Sie nicht alleine, sondern mit einem gesunden Partner reisen, darf dieser bei Ihnen bleiben.

Je nach Flughafen werden Sie bis zum Bus oder im »Finger« direkt bis vor die Maschine gebracht. Danach müssen Sie alleine weiter. Dieser Service gilt nur für den Flughafen

Noch ein Extra-Service vom Reisebüro: Wenn Sie frühzeitig buchen, kann Ihr Reisebüro Ihnen – auf Ihren deutlich geäußerten Wunsch! – die nächstgelegenen Sitze zur Toilette buchen, sodass Sie nur maximal zehn Schritte laufen müssen. Am besten sind die Plätze ganz hinten im Flugzeug, dort ist am meisten Platz und Sie können bequem und ungestört in der letzten Reihe sitzen. Von dort ist es auch recht nah zur Toilette. Zugleich ist es dort hinten viel ruhiger als bei den Toiletten ganz vorne im Flugzeug oder in der Mitte.

Sie sind Rollstuhlfahrer, können wirklich keinen Schritt laufen und haben das auch klar und deutlich schon bei der Buchung Ihrer Reise und auch noch mehrmals beim Check-In gesagt.

Der Extra Service vom Flughafen: Sie bekommen eine Begleitperson für den Flughafen *und* Hilfe beim Ein- und Aussteigen ins Flugzeug. Einen Leihrollstuhl brauchen Sie wahrscheinlich nicht, denn Sie sitzen in Ihrem eigenen Rollstuhl und wollen diesen auch mitnehmen.

Folgendes passiert: Wie in Version 1 werden Sie ruck-zuck durch den ganzen Flughafen gerollt. Sie werden direkt bis vor die Maschine gebracht, entweder im »Finger« oder, wenn die anderen Reisenden in einen Bus und über eine Treppe müssen, mit einem extra Kleinbus, der eine Hebebühne hat.

Dann kommen zwei Leute von der *Flight Care* mit einem schmalen Mini-Rollstuhl. Sie selber setzen sich auf den Mini-Rollstuhl (oder werden gehoben, siehe auch den Tipp *Leichter Heben* in Kapitel 12) und werden bequem bis zu Ihrem Platz gerollt. Und auch mindestens dreimal sagen, dass das draußen *Ihr* Rollstuhl ist und dass der im Sondergepäck mit muss! Nicht, dass er am anderen Ende der Welt stehen bleibt!

Dies alles geht nur, wenn das Flugzeug noch oder schon wieder leer ist. Sie müssen nicht nur frühzeitig einchecken, sondern auch dreißig Minuten *vor* der normalen Boarding Time an Ihrem Gate sein und kommen vor allen anderen ins Flugzeug. Beim Aussteigen müssen Sie dafür geduldig warten, bis alle anderen draußen sind.

In jedem Flugzeug gibt es eine Sitzreihe extra für völlig gehunfähige Rollstuhlfahrer. Meistens ist es die Reihe 4 (aber nicht immer). In dieser Reihe können die Armlehnen am Gang nach oben geklappt werden, und Sie selber können dann von Ihren Helfern direkt auf Ihren Sitzplatz gehoben werden.

Extra Check-In

Einige große internationale Fluggesellschaften (z.B. in Deutschland die Lufthansa in Frankfurt und München) haben einen extra Check-In-Schalter für Reisende mit Handicap (*Disability*) und unbegleitete Kinder. Dieser ist meistens, aber leider nicht immer erkennbar am Rollstuhlsymbol.

Der Schalter ist manchmal schwierig zu finden, vor allem, wenn im Flughafen großes Gedränge herrscht. Es lohnt sich, *vor* der Reise bei Ihrer Fluggesellschaft am Flughafen (z.B. bei der Lufthansa am Flughafen München) anzurufen und zu fragen, ob es einen extra Check-In Schalter für mobilitätseingeschränkte Reisende gibt.

Nur nach vorheriger Anmeldung!

Alle extra Hilfen der Fluggesellschaft und am Flughafen sind kostenlos, aber es gibt sie nur nach vorheriger Anmeldung. Ohne Ausnahmen! Sie müssen diesen Service schon im Reisebüro oder online im Internet mitbuchen.

Hilfsbedürftige Angehörige

Vielleicht wollen Sie gar nicht selber fliegen, sondern Sie möchten einen hilfsbedürftigen Angehörigen ins Flugzeug setzen.

Sie kommen also mit Ihrer alten Mutter im Rollstuhl, die einen Besuch bei Ihnen gemacht hat, zum Flughafen. Dann wird die junge Dame am Check-In-Schalter in ihren Computer gucken und sagen: »Davon steht hier aber gar nichts!«

Natürlich wird sie dann trotzdem versuchen, eine Hilfe für Ihre Mutter zu organisieren. Aber wenn Sie großes Pech haben, steigen am Flughafen gerade zwei angemeldete Rollstuhlfahrer ein, und es sind alle Hilfspersonen im Einsatz. Niemand ist mehr frei und verfügbar. Dann können Sie – ganz im Ernst – Ihre Mutter wieder einpacken und nach Hause fahren. Flug weg, Geld weg, Pech gehabt, selber Schuld.

Eine »allein reisende, hilfsbedürftige Person« (auch ein Kind!) muss direkt bei der Reisebuchung so angemeldet werden. Ihre Fluggesellschaft muss vorher wissen, dass es sich bei Frau XY nicht um eine normale Reisende handelt, sondern um eine allein reisende alte Dame, die Hilfe und einen Rollstuhl braucht und sicher bis zu ihrem Platz im Flugzeug begleitet werden muss. Nur dann kann die Hilfe frühzeitig beim Flughafen vorbestellt und organisiert werden.

KAPITEL 4

Gesund bleiben im Urlaub

Die häufigsten Reisekrankheiten, wichtige Impfungen und was in die Reiseapotheke muss

Kein Spaß: Urlaubsinfektionen

»Ich reise nicht in ein Land, in dem es Dreckstall-Krankheiten gibt! Ich möchte dich wieder gesund nach Hause bringen, und ich möchte auch selber gesund nach Hause kommen!« Diese deutlichen Worte fand mein Liebster, als ich den Wunsch äußerte, nach Kenia zu reisen (Ich hatte gerade den Film *Jenseits von Afrika* gesehen.) Und das war nicht übertrieben: Jedes Jahr kehren viele tausend Deutsche *nicht* gesund aus dem Ausland zurück.

Zu jeder Reise gehört der Besuch beim Reisemediziner oder Tropenarzt, etwa sechs Wochen vorher zur Beratung, kurz vorher zur Impfung und auf Anraten hinterher auch noch mal: Das ist nicht übertrieben! Für Menschen mit schwachem Immunsystem ist es ein »Must«.

Hepatitis A

Verbreitung: Fast weltweit, in Europa vor allem in allen Mittelmeerländern.
Wichtig in diesem Buch für jede Reise, auch Italien und Spanien

Die häufigste Infektion ist noch die harmloseste: Es gilt schon fast als normal, wenn man während oder nach einem Italien-Urlaub an Durchfall und Erbrechen leidet. »Italien, das ist ja schon fast wie zu Hause!« Also trinkt man einen Morgenkaffee, das Wasser dafür nimmt man aus dem Wasserhahn, für die Kinder gibt's ein Eis, und die Erwachsenen essen einen gesunden Salat … Also rennt man nach dem Frühstück auf die Toilette und sch… sich mit heftigen Krämpfen die Seele aus dem Leib, und die Kinder kotzen nachts die Bettwäsche voll.

Hepatitis A heißt diese Infektion, die durch infizierte Nahrung übertragen wird, und die Nahrung wiederum wird zumeist durch unreines Wasser infiziert. Menschen mit schwachem Immunstem sind besonders gefährdet (Babys, Kinder, Senioren, chronisch Kranke, Rollstuhlfahrer). Und nicht immer ist es so lustig, wie es hier klingt: Am Gardasee ist das kleine Kind eines guten Bekannten von uns gestorben. An einer Hepatitis A Infektion. Das ist selten, aber es passiert.

Cook it, peel it – or forget it

Der beste Schutz vor einer Hepatitis A-Infektion ist immer noch die gute alte Traveller-Regel: »Koch es, schäl es – oder vergiss es!«

Überblick im Internet
▸▸ www.reiseerkrankungen.de
Sehr übersichtliches Infoportal zu
Reiseimpfungen und Reiseerkrankungen

Denn nach einer Hepatitis-A-Impfung gilt während des ganzen Urlaubs in Italien oder sonstwo auf der Welt: Hände weg vom Wasserhahn! Es ist *kein* Trinkwasser! Egal ob Zähne putzen oder Kaffee kochen: Kaufen Sie Trinkwasser in Flaschen oder kochen Sie alles penibel ab. Salat sollten Sie im Urlaub lieber gar nicht essen. Und wenn ein Eis, dann nur aus der Langnese-Tiefkühltruhe. Ich weiß – das Eis beim Italiener in der Eisdiele sieht sehr verführerisch aus. Aber danach kann es sein, dass Sie den Abend mit Durchfall auf der Toilette verbringen.

Auch Salmonellen kommen relativ häufig vor. Und auch den Morgenkaffee im Hotel würde ich stehen lassen. Die Italien trinken lieber Espresso, die Griechen sehr heißen und starken griechischen Kaffee. Warum wohl? Ich persönlich trinke am liebsten eine Cola, aus der unversehrten Originalflasche. Cola gibt es überall auf der Welt, und sie schenkt Ihnen einen sicheren Urlaub. Ebenso gehört dazu, egal ob in Indien, Afrika oder am Mittelmeer: Kein Essen vom Straßenstand! Das einzige, was Sie dort holen können, ist eine Orange (*peel it*). Aber all die Sandwiches mit Eiercreme, Thunfischpaste oder ähnlichem, die in Italien auch noch fast ungekühlt herumliegen: Lassen Sie's lieber.

Und übrigens: Wasser aus dem Hahn kann auch in Deutschland problematisch sein. Unser Leitungswasser ist nicht so »rein«, wie die Werbung der Stadtwerke uns immer weis machen will. Stellen Sie es sich doch bildlich vor: Das Wasser läuft kilometerweit durch

Rohre, die häufig schon vor dem Krieg gebaut wurden. In den Häusern läuft das Wasser dann nicht immer sofort durch, sondern steht dort erst mal eine Weile in den Metallrohren. Wenn Sie in einem Altbau wohnen, können die Leitungen durchaus aus Blei und achtzig Jahre alt sein. Man merkt das besonders, wenn man in eine Wohnung kommt, wo einige Tage lang niemand war (z.B. Montag morgens im Büro, Ferienwohnung usw): Menschen mit empfindlichem Magen oder Darm können auch hier mit leichtem Durchfall reagieren.

Mini-Impfung mit Beriglobulin

Der renommierte Tropenmediziner Dr. Nikolaus Frühwein in München bietet bei nur kurzen Reisen in malaria-freies Gebiet die sehr gut verträgliche Mini-Impfung mit Beriglobulin an. Sie hält vier Wochen. Wer länger im Land bleibt (zum Beispiel am Mittelmeer überwintert) oder öfter dorthin reist, braucht allerdings einen Hepatitis A Langzeitschutz.
▸▸ www.drfruehwein.de

Sensible Personen sollten sich angewöhnen, das Wasser morgens vorm ersten Kaffeekochen einige Minuten laufen zu lassen und alles gründlich abzukochen. Und wenn Sie mir nicht glauben und das alles übertrieben finden: Halten Sie mal ein Glas Leitungswasser gegen helles Licht. Häufig ist es eben nicht vollkommen klar und rein, sondern recht trüb, und in Indien werden Sie es sogar deutlich belebt finden.

Dengue-Fieber und Malaria

Verbreitung: Alle Länder in Äquator-Nähe
(Tropen und Subtropen)
Betrifft hier im Buch: Indien und Krügerpark an der Grenze zu Simbabwe

Hier sind wir wirklich bei den »Dreckstall-Krankheiten«. Rund 150 Deutsche kommen jedes Jahr mit Dengue-Fieber aus dem Urlaub zurück. Dengue-Fieber ist heute die häufigste von Mücken übertragene Infektionskrankheit und kann tödlich enden. Fast 100 Millionen Menschen erkranken jedes Jahr weltweit. Dengue-Fieber und Malaria breiten sich laut WHO seit einigen Jahren rasend schnell aus. Durch Klimaerwärmung, zunehmende Regenfälle und ständige Überschwemmungen finden die Stechmücken immer mehr Brutstätten in Regionen, die bisher als infektionsfrei galten, z. B. im Süden der USA. In Deutschland wurden Dengue-Mücken in den Rhein-Auen am Niederrhein gefunden.

Gesund bleiben in Afrika und Indien
- Hepatitis A-Impfung
- Tetanus-Impfung
- ggfls. Malaria-Prophylaxe
- Konsequenter Mückenschutz
- Kein Leitungswasser!
- Nichts, wo Leitungswasser drin ist (Eiswürfel, offene Cola oder Saft, offenes Eis, Kaffee) oder dran war (Salat, Obst)
- Kein Essen vom Straßenrand

Bisher gibt es keine Impfung und auch keine Prophylaxe gegen das Dengue-Fieber. Der einzige Schutz, wenn man sich in Feuchtgebieten aufhält, ist ein lückenloser Mückenschutz (hohe Schuhe, lange Hosen, Jeanshemd, Hut, Autan).

Wichtig sind auch das richtige Reiseziel und die richtige Reisezeit. Der Norden Indiens und der Süden Südafrikas sind zur hier empfohlenen Reisezeit *malaria-free*. Dennoch gibt es keine hundertprozentige Sicherheit. Angenommen, es wird sehr früh warm, was dann? Und wenn Sie dann gerade im Norden des Krügerparks sind, an der Grenze zu Simbabwe, wo viele Menschen Malaria oder Dengue-Fieber haben und es deshalb auch viele infizierte Mücken gibt?

Es mag sein, dass wir zu vorsichtig sind, aber die zweite Traveller-Regel lautet: *Konsequenter Mückenschutz!* Immer mehrere Sprühdosen Autan (eine reicht für zwei Personen etwa drei Tage) und eine Milch Autan mitnehmen. Nach dem Anziehen morgens sprühen Sie alle freien Körperstellen (auch Hände, Fußknöchel und dünne Kleidung, wie z.B. Hemd oder Bluse) reichlich ein, für das Gesicht nehmen Sie die Milch. Egal, wenn Sie husten müssen, besser als Malaria! Genau das gleiche abends noch mal, vor allem, wenn Sie draußen sitzen. Ziehen Sie abends eine Jeans, Socken, Boots sowie eine dickere Bluse (Jeanshemd) mit langen Ärmeln an. Halten Sie alle Fenster geschlossen, wenn Sie Licht anmachen. Wenn Sie ein Mückennetz überm Bett haben, sprühen Sie dieses auch ein. Und schauen Sie sich den Film *Jenseits von Afrika* an (der ja tatsächlich in Afrika gedreht wurde): Meryl Streep und Robert Redford tragen als Karen Blixen und Dennis die perfekte Kleidung gegen Mücken.

Wenn der Arzt nicht erreichbar ist

Was, wenn Sie hinfallen und sich die Beine aufschrammen? Oder sich den Finger klemmen und die Fingerkuppe ist fast ab – wie es meinem Liebsten mitten in der Wildnis Afrikas passierte? Im Urlaub sind der Arzt und die nächste Apotheke oft viele Autostunden entfernt. Und in Afrika oder Asien können kleine Wunden schnell zu großen Problemen werden. Natürlich haben in diesen Ländern auch die Hotels und die Lodges Hilfen parat. Aber am klügsten ist es, wenn Sie selber ein paar Notfallmedikamente dabei haben.

- Octenisept Desinfektionsspray
- Braunovidon Salbe
- Schnellverband
- Verbandsschere
- Pflaster einzeln und von der Rolle
  (zum Festkleben des Verbands)
- ggfls. Malaria-Mittel (Rezept vom Tropenarzt)
- Autan (mehrere Sprühdosen: nicht das Pumpspray,
  sondern das richtige Spray, und eine Milch)
- Fenistil-Gel gegen Stiche und Sonnenbrand
- Voltaren-Schmerzgel gegen Verstauchungen
- Immodium akut plus gegen Durchfall
- Paracetamol gegen Schmerzen und Fieber
- für jeden Reisenden eine eigene Tube Aciclovir gegen
  Lippenherpes (wird durch intensive Sonne hervorgerufen;
  täglich vorbeugend auf Lippen und an der Nase auftragen)
- für jeden Reisenden einen eigenen Labello Sonne
- Augentropfen
- Ohrentropfen
- Nasenspray
- Superpep gegen Reiseübelkeit
- Sonnenmilch
- Genügend großer Vorrat von Ihren persönlichen Medika-
  menten (Pille, Antispastikmittel, Schmerzmittel usw.)

Kleine Reiseapotheke (Mittelmeer, Kanaren)

- Aciclovir
- Autan Sprühdose und Milch
- Fenistil
- Labello Sonne
- Paracetamol
- Pflaster
- Superpep
- Sonnenmilch
- Genügend großer Vorrat von Ihren persönlichen Medikamenten (Pille, Antispastikmittel, Schmerzmittel usw.)

KAPITEL 5

Das Reisegepäck

*Intelligent gepackt – extra Erleichterungen
für behinderte Reisende und was Sie besser nicht
im Handgepäck fürs Flugzeug haben sollten*

Erleichterungen für Rollstuhlfahrer

Rund 20 Kilo Gepäck darf jeder Flugreisende dabei haben, plus ein kleines leichtes Handgepäck. Rollstuhlfahrer dürfen – kostenlos! – fast das Doppelte mitnehmen, wenn es ein Rollstuhl ist oder als zugehörig zum Rollstuhl gekennzeichnet ist. Dazu gehören z.B. Ersatzreifen.

Rollstuhl & Co.

Messen Sie in einer ruhigen Minute Ihren Rollstuhl aus: Länge – Breite – Höhe, und schauen Sie in Ihrer Produktinformation nach, wie viel er wiegt. Ihre Fluggesellschaft befördert einen Rollstuhl bis 20 Kilo, und sie muss wissen, wie viel Platz er im Gepäckraum benötigt. Schon bei der Buchung der Flugtickes, wenn Sie als Rollstuhlfahrer bei der Airline angemeldet werden (siehe auch Kapitel 3 *Anmeldung bei der Airline*), müssen Sie das Gewicht Ihres Rollstuhls sowie die genauen Ausmaße für den Gepäckraum parat haben.

Große schwere E-Rollstühle werden normalerweise nicht befördert. Wenn Sie einen elektrischen Antrieb benötigen, ist die ideale Lösung für den Urlaub ein leichter manueller Rollstuhl mit elektrischem Zusatzantrieb, z.B. mit dem e-fix von der Firma Alber. (Was ich allerdings nicht weiß, ist, ob die Akkus überall auf der Welt geladen werden können, bitte nachfragen!)

Leichter und flexibler Zusatzantrieb
- e-fix
▸▸ www.alber.de

Eine andere gute Lösung besteht darin, mit einem manuellen Rollstuhl zu reisen und sich am Zielort einen großen elektrischen Rollstuhl auszuleihen (siehe auch Kapitel 12 *Wenn Sie gar nicht laufen können*).

Ersatzreifen

Ersatzreifen kann man ganz leicht befördern, wenn man sie in eine leichte runde Transporttasche packt (ähnlich wie Autoreifen). Eine solche sehr praktische Tasche gibt es z.B. von der Schweizer Firma Küschall. Und hier noch ein ganz wichtiger Tipp: Da das Flugpersonal nicht wissen kann, dass Küschall etwas für den Rollstuhl ist und somit kostenlos befördert werden muss, kleben Sie am besten ein Klebeschild mit Rollstuhlsymbol auf die Tasche (wie Sie es wahrscheinlich auch an Ihrem Autofenster haben). Das erspart lästige Diskussionen beim Check-In.

Ich selber habe auch immer meinen klappbaren Duschstuhl dabei, eine große Hilfe unterwegs. Kein Mensch, der nicht selber behindert ist, kennt dieses Ding. Deshalb klebe ich auch einen Rollstuhl darauf und schummele ihn so mit ins kostenlose Freigepäck.

Diese nützlichen Aufkleber gibt es beim *Club Behinderter und ihrer Freunde* und manchmal auch in großen Schreibwarenläden.

Was Sie besser nicht im Handgepäck fürs Flugzeug haben sollten

Fast alle Rollstuhlfahrer haben unter dem Sitz eine kleine Tasche fürs wichtigste und absolut unentbehrlichste Pannenwerkzeug, z.B. Imbusschlüssel, Reifenkleber usw. Meines war sogar besonders gut, weil wir es im Fahrradladen nach und nach clever ergänzt hatten.

Jahrelang ist es durch alle Kabinen-Kontrollen am Flughafen gerutscht. Keiner hat daran gedacht: die Kontrolleure nicht und ich auch nicht. Aber dann kamen die neuen Flugsicherheitsbestimmungen, und seitdem sind alle Kontrollen am Flughafen München

Nützliches für die Reise

▪ Tasche für Ersatzreifen: Küschall, Schweiz
▸▸ www.kueschall.ch (unter Accessoires)

▪ Klebeschilder Rollstuhlsymbol und vieles andere Nützliche: CBF Club Behinderter und ihrer Freunde
▸▸ www.cbf-da.de

Was in den Koffer gehört
- Alles Werkzeug für den Rollstuhl
- Luftpumpe für den Rollstuhl
- Nagelfeile, Nagelschere
  (am besten der ganze Kulturbeutel)
- Rasierer und Klingen

Was ins Handgepäck darf
In einer kleinen durchsichtigen Medikamententasche:
Nasentropfen, Asthmaspray und andere wichtige Medi-
kamente, die Sie unbedingt auch im Flugzeug brauchen
(alles andere kommt in die Reiseapotheke im Koffer)
Im Flugsicherheitsbeutel mit Reißverschluss:
Kleine Flasche Parfum, Handcreme, Labello, bei Lang-
streckenflügen kleine Reisezahnbürste mit mini Zahnpasta
(Apotheke)

(und sicher auch sonstwo) doppelt gründlich (Gott sei
Dank!). Und beim Lufthansa-Flug nach Afrika fiel es
einer Kontrolleurin auf: »Was haben wir denn hier?
Werkzeug dürfen Sie nicht mit in die Kabine nehmen!«
Und zack, nahm sie mir meine kleine Werkzeugtasche
weg. Alles nützte nichts: unser Hinweis, dass der Rollstuhl ja gar nicht in die Kabine kommt, sondern zum
Sondergepäck in den Gepäckraum, und auch nicht
mein Gejammer, dass wir zu Safaris in die Wildnis fliegen und es dort kein Werkzeug gibt … interessiert niemanden! Die Kontrolleure hören gar nicht hin. »Dies

ist die Kabinen-Kontrolle und das ist Werkzeug, das darf nicht mit.« Ende! »Haben Sie denn nicht die neuen Vorschriften gelesen?« Doch, hatte ich natürlich. Aber ich hatte nur an die Flüssigkeiten gedacht. Und ich hatte auch nicht so eine neue schicke Sicherheitstasche mit Reißverschluss (ich wusste noch nicht, wo ich sie her kriegen sollte), sondern nur eine durchsichtige Gefriertüte mit bunter Wäscheklammer. Damit hatte ich mich eh sofort disqualifiziert – die Tüte wurde mit großem Stirnrunzeln in die Höhe gehalten. Und dann noch das Werkzeug … Ich kam mir vor wie ein gefährlicher Terrorist. Oder zumindest wie ein erstklassiger Idiot! Alle anderen Reisenden kamen problemlos durch die Kontrolle, nur die Rollstuhlfahrerin nicht. Das ist mir nie wieder passiert! Jetzt habe ich immer ein gut geplantes, cleveres Reisegepäck.

Wo es die durchsichtige Flugsicherheitstasche gibt
z.B. bei Neckermann, Suchwort »Koffer«, Trefferliste Sortierung »Preis aufsteigend«. Dort gibt es erstaunlich viele nützliche Dinge für die Reise
▶▶ www.neckermann.de

Weitere hilfreiche Infos zum Fluggepäck
▪ Lufthansa Reiseportal
▶▶ www.lufthansa.de
▪ TUI Reiseportal
▶▶ www.tui.de

Praktische Kleidung für die Reise

Gehbehinderte Menschen und Rollstuhlfahrer haben wenig Lust zu langen Stadtbummeln. Praktische Kleidung für jede Entdeckerreise in ein warmes Land kann man auch im Internet bestellen. Eine mückensichere, kurzärmlige weiße Baumwollbluse mit Brusttasche (fast unentbehrlich auf jeder Reise) sowie Shorts mit mehreren Taschen gibt es zum Beispiel bei Eddie Bauer. Fleeceshirts mit vielen Taschen gibt es meistens bei Landsend (auch bei den Herrensachen gucken). Auch bei den Reiseausstattern Därr und Globetrotter lohnt sich das Durchschauen.

Eine Firma, die ich persönlich auch für sehr empfehlenswert halte, ist die Rolli Company. Wer viel im Rollstuhl sitzt, ist irgendwann genervt durch Hosen, die am Po »auf Halbmast« sitzen und in der Taille einschneiden. Ein hüftiger Schnitt mag ja momentan Mode sein, aber Rollstuhlfahrer brauchen genau das Gegenteil. Bei Rolli Company gibt es schöne Hosen und Shorts, die hinten höher geschnitten sind als vorne und super sitzen (ich liebe die Jeansshorts mit dem kleinen Muster drauf, sie sehen ganz süß aus). Diese Empfehlungen sind natürlich nur Anregungen. Finden Sie Ihre eigenen Möglichkeiten!

- Eddie Bauer
  ▸▸ www.eddiebauer.de

- Landsend Outdoor
  ▸▸ www.landsend.de

- Därr Reiseausstatter
  ▸▸ www.daerr.de

- Globetrotter Reiseausstatter
  ▸▸ www.globetrotter.de

- Rolli Company
  ▸▸ www.rollicompany.de

KAPITEL 6

Auto, Bahn und München

Wo Sie den wichtigen Parkausweis und den hilfreichen Euro-Schlüssel bekommen, wie Sie am einfachsten Bahn fahren und vieles mehr

Das Allerwichtigste – ein Parkausweis

Haben Sie schon einen Parkausweis? Das Autofahren wird für stark gehbehinderte Menschen wirklich sehr viel leichter mit dem blauen Parkausweis für Behinderte. Denn dieser berechtigt zum Parken auf den Behindertenparkplätzen mit dem Rollstuhlsymbol.

Es gibt, was viele nicht wissen, noch viel mehr Erleichterungen. Wenn Sie beispielsweise keine Garage haben, wird für Sie ein persönlicher Behindertenparkplatz vorm Haus eingerichtet. Kostenlos! Besonders praktisch ist das, wenn Sie in einer Großstadt in einem Altbauviertel wohnen. Ab jetzt haben Sie Ihren eigenen Parkplatz, direkt vorm Haus!

Weitere Vorteile sind beispielsweise: Wo die Stadt fürs Parken Gebühren verlangt (Ticketautomat), dürfen Sie sich kostenlos hinstellen, wo man nur eine Stunde stehen darf, dürfen Sie länger stehen, ebenfalls parken

Parken mit Parkausweis

Der Parkausweis muss immer gut sichtbar vorne an der Scheibe liegen. Und – der Behinderte muss auch im Wagen sitzen! Ist eines davon nicht der Fall, wird es richtig teuer, das können einige Hundert Euro werden und der Wagen wird unter Umständen abgeschleppt. Und übrigens: Manche legen auch ihren Schwerbehinderten-Ausweis ins Fenster – der reicht nicht aus!

dürfen Sie in jedem Anwohnerparken, und Sie oder Ihr Taxi dürfen ein kleines Stück in eine Fußgängerzone hineinfahren, wenn es notwendig ist (z.B. Eingang in eine Arztpraxis oder Anwaltskanzlei).

Den Parkausweis für Behinderte bekommen Sie bei Ihrem zuständigen Straßenverkehrsamt. Voraussetzung ist ein Schwerbehindertenausweis, in dem ein aG (*außergewöhnlich gehbehindert*) und ein Grad der Behinderung von mindestens 80 Prozent eingetragen sind. Diesen wiederum bekommen Sie bei Ihrem Versorgungsamt. Ihre Gehstrecke darf maximal zehn Meter betragen. In der Regel benutzen Sie einen Rollstuhl. Sie brauchen also erst einen entsprechenden Schwerbehinderten-Ausweis (Versorgungsamt), dann bekommen Sie den Parkausweis für Rollstuhlfahrer (Straßenverkehrsamt).

Und noch ein Tipp: Alle Anträge bei einem Amt gehen viel schneller, wirklich *viel* schneller, wenn Sie dem Antrag alle benötigten Unterlagen direkt beilegen. Also zum Beispiel die entsprechenden Gutachten und Empfehlungen von Ihren Ärzten und ein Passfoto. Dann

Parkplatz für Rollstuhlfahrer.

dauert die Bewilligung des Antrags unter Umständen nur zwei Monate und nicht ein halbes Jahr.

Toiletten für Rollstuhlfahrer

»Die sind ja alle abgeschlossen!«, sagten unsere Bekannten aus der Schweiz, als sie uns hier in München besuchen kamen. Wir hatten ihnen ganz stolz erzählt, dass es in Deutschland an den Autobahnen an vielen Raststätten extra Toiletten für Rollstuhlfahrer gibt. Wir hatten gar nicht daran gedacht zu erwähnen, dass sie tatsächlich alle abgeschlossen sind und man dafür einen Euro-Schlüssel braucht. In Deutschland haben die meisten Rollstuhlfahrer so einen Schlüssel. Und richtig: Die Schweiz ist wohl das einzige Land in Europa, wo man den Euro-Schlüssel *nicht* bekommt und wo man auch nichts damit anfangen kann. Die Schweiz, das ist halt nicht Europa!

In vielen Ländern Europas findet man inzwischen Toiletten für Rollstuhlfahrer an den Autobahnen. Sie sind mit dem blauen Rollstuhlfahrersymbol gekennzeichnet. Und sie sind alle abgeschlossen!

Es gibt sie aber nicht nur an den Autobahnen, sondern auch in den großen Fußballstadien Europas, wie zum Beispiel in der Münchner Allianz Arena, und auch mitten in der Stadt, wie zum Beispiel in Salzburg an dieser schönen Kirche zwischen Wochenmarkt und Domplatz. Dort gibt es öffentliche Toiletten, und auch eine für Rollstuhlfahrer. Abgeschlossen! Aber ich hatte meinen Euro-Schlüssel umhängen und sagte: »Probieren wir doch mal, ob er auch in Österreich passt!« Und er passte! Es lebe Europa!

Ehrlich gesagt, ich bin froh, dass die Toiletten abgeschlossen sind. Wie würde es wohl aussehen, wenn das nicht der Fall wäre? Die Haltegriffe wären demoliert, das Papier wäre alle, es wäre nicht sauber. Rollstuhlfahrer müssen nichts zahlen für die Benutzung öffentlicher, normalerweise kostenpflichtiger Toiletten. Unter Rollstuhlfahrern ist es Ehrensache, dass man sich dort

Euro-Schlüssel
▪ CBF Club Behinderter und ihrer Freunde
▸▸ www.cbf-da.de

ordentlich verhält. Fußgänger brauchen einen Euro, wir brauchen einen Euro-Schlüssel.

Wer und wo man den Euro-Schlüssel bekommt

Den Euro-Schlüssel kann man online beim CBF *Club Behinderter und ihrer Freunde* in Darmstadt bestellen. Er kostet nur wenige Euro, die man auf das Konto des CBF überweist.

Es ist das Anliegen des CBF, dass mit diesen besonderen Toiletten kein Missbrauch betrieben wird. Den Euro-Schlüssel bekommt nur jemand, der entweder Rollstuhlfahrer, schwer gehbehindert, blind, hilfsbedürftig, an Multipler Sklerose oder an Morbus Crohn erkrankt ist, außerdem jeder, dessen Grad der Behinderung über 70 Prozent beträgt. Dies muss durch die entsprechenden Einträge im Schwerbehindertenausweis oder durch ein ärztliches Attest nachgewiesen werden. Eine Kopie davon muss per Post oder online (Scan per PDF) zum CBF geschickt werden.

Beim CBF gibt es noch viele andere nützliche Dinge, beispielsweise die blauen Aufkleber mit dem Rollstuhlsymbol, die Sie auf hinten auf die Windschutzscheibe Ihres Wagens und auf Ihr Sondergepäck fürs Flugzeug kleben können. Beim CBF erhalten Sie auch das hilfreiche Buch *Handicapped Reisen* von Yvo Escales. Es enthält präzise recherchierte und genau beschriebene Unterkünfte, wo Rollstuhlfahrer Urlaub machen können, vor allem Ferienwohnungen in Deutschland.

Im Fußballstadion

Es gibt viele Fußballfans im Rollstuhl, und seit einigen Jahren ist das ein tolles, barrierefreies Vergnügen! Und wir Bayern-Fans haben es sowieso am allerbesten, denn hier in München haben wir die tolle neue Allianz Arena. Sie gilt bundesweit und international als Vorbild, was Barrierefreiheit und Behindertenfreundlichkeit angeht. Und damit sind nicht nur die Fans im Rollstuhl gemeint, sondern beispielsweise auch blinde Fans. Peter Czogalla, selber Rollstuhlfahrer und Ehrenpräsident des FC Bayern Rollwagerl Fanclub, hat für seine Mitwirkung an der Allianz Arena das Bundesverdienstkreuz bekommen.

Für Rollstuhlfahrer gibt es kostenlose und extra große Parkplätze im nächstgelegenen Parkhaus, einen barrierefreien Übergang zur Arena und Plätze mit idealem Blick aufs Spielfeld. Man sitzt unter der Überdachung trocken

- Deutscher Fußballbund
▸▸ www.bundesliga.de

- FC Bayern
▸▸ www.fcb.de

- Rollwagerl 93 e.V. Fanclub
▸▸ www.rollwagerl.de

bei jedem Wetter, und direkt neben jedem Rollstuhlplatz gibt es einen bestuhlten Platz für die Begleitperson.

Mit alldem nicht genug. Viele Fußball-Fans sind sehr reiselustig und begleiten ihre Mannschaft auch auf Auswärtsspiele in der Bundesliga. Der Deutsche Fußballbund ist sehr behindertenfreundlich und unterstützt die Aktivitäten der rollenden Fans mit einem Reiseführer, der regelmäßig neu aktualisiert wird. Man kann ihn auf der Bundesliga-Seite downloaden oder kostenlos bestellen. Wegen seiner vielen hilfreichen Tipps für rollstuhlgerechte Hotels und zum Mobilitätsservice der Deutschen Bahn ist er auch für Nicht-Fußball-Fans interessant.

Bahn barrierefrei

Die Deutsche Bahn bietet in den ICE und Interregios Rollstuhlplätze in der 2. Klasse an. Eine Begleitperson kann kostenlos mitreisen. Da man als Rollstuhlfahrer nicht ins Zugrestaurant kommt, kann man sich, als besonderen Service, Getränke und Essen an den Platz bringen lassen. Zudem gibt es in den Bahnhöfen eine Einstiegshilfe in den Zug, eine Art kleinen Aufzug, der an die Zugtüre geschoben wird.

Diese Einstiegshilfe muss einige Werktage vorbestellt werden. Die Deutsche Bahn bietet dafür ein Servicetelefon an, das prima funktioniert und sehr hilfreich ist: Man kann Zugverbindungen und freie Plätze abfragen, Fahrkarten bestellen und sich ins Haus schicken lassen oder an den Ticketautomaten selber abholen.

Mobilitäts-Service der Deutschen Bahn
Telefon 01805 – 512 512
Weitere hilfreiche Informationen:
▸▸ www.bahn.de unter »Handicap«

Die Einstiegshilfe funktioniert am besten an den Werktagen zu den üblichen Bürozeiten. Aus Kostenspargründen sind es heute oft die Schaffner der Bahnhöfe, die diesen Service auch noch mitmachen müssen. Am Wochenende und spät abends klappt das nur selten, wir haben auch schon Sonntag gegen 22 Uhr an Zügen gewartet, ohne dass uns irgend jemand geholfen hätte. Es ist sicherer, sich darauf einzustellen und werktags zwischen 8 und 18 Uhr zu reisen.

München

Vielleicht haben Sie Lust, ein Wochenende hier in München zu verbringen? Eine wunderschöne Stadt,

Die Reise auf einen Blick
Reiseziel: München
Verkehrsmittel: Auto oder Bahn
Beste Reisezeit: Mai/Juni, Anfang September oder im Advent

und geradezu ideal für Rollstuhlfahrer! Die Innenstadt, das Rathaus, der Tierpark Hellabrunn und das neue Fußballstadion – ein Wochenende reicht gerade aus, um das Allerschönste zu sehen!

München – alles Wichtige

München bietet zahlreiche gute Infos für seine Gäste im Rollstuhl. Auf der offiziellen München-Seite im Internet gibt es barrierefreie Hotels sowie Hinweise zu Sehenswürdigkeiten und Restaurants. (Wie fast alle barrierefreien Hotels haben sie jedoch normale Badezimmer mit einer Dusche oder Wanne zum Hineinklettern. Deshalb siehe unten meine eigene Liste mit Hotels).

Rollstuhlgerechte Hotels in München

Hier einige Tipps von mir selber für wirklich rollstuhlgerechte Hotels in allen Kategorien (Badezimmer mit Roll In Dusche und Haltegriffen, Hotel vollkommen barrierefrei). Sortierung nach Sternen.

Le Meridien *****
▸▸ www.starwoodhotels.com
Luxushotel nahe dem Hauptbahnhof. Schöner Innenhof, an Sommerabenden romantisch mit Laternen beleuchtet, wo man sehr gut essen kann. Ein rollstuhlge-

rechtes Zimmer mit befahrbarer Dusche, das zu diesem ruhigen Innenhof hin liegt.

Sofitel Bayerpost *****
▸▸ www.sofitel.com
Sehr modern, sehr viel Design, und direkt an der Bahn. Aber wie alle Hotels der französischen Sofitel Gruppe wirklich barrierefrei und rollstuhlgerecht. Zwei Zimmer mit befahrbarer Dusche.

Mövenpick Airport ****
▸▸ www.moevenpick-munich-airport.com
Nah zum Flughafen, aber weit zur Stadt (45 Minuten S-Bahn). Eignet sich für Rollstuhlfahrer, die mit dem Flugzeug nach München kommen und sich tagsüber zwischendurch nicht hinlegen müssen. Ein rollstuhlgerechtes Zimmer mit befahrbarer Dusche.

Novotel München City ****
▸▸ www.novotel.com
Das neue Novotel in München ist vollkommen barrierefrei und bietet vier rollstuhlgerechte Zimmer. Es liegt auf der anderen Seite der Isar (als die Innenstadt und Schwabing) in der Nähe vom Deutschen Museum; die nächste S-Bahn-Station ist der Rosenheimer Platz.

Ibis München City ***
▸▸ www.ibishotel.com
Sehr gut zum Hauptbahnhof (kein Rotlichtviertel) und zur Fußgängerzone, durch die man zur Frauenkirche

und zum Marienplatz kommt. Es gibt zwei rollstuhlgerechte Zimmer mit befahrbarer Dusche.

Ibis München City Nord ***

▸▸ www.ibishotel.com

Dieses Hotel liegt im Norden von Schwabing, nahe der U-Bahn Nordfriedhof. Nur zwei Stopps entfernt ist die Münchener Freiheit, das Zentrum von Schwabing, von wo aus man in den Englischen Garten kommt, auch am Marienplatz ist man recht schnell. Drei rollstuhlgerechte Zimmer mit befahrbarer Dusche.

Brunnenhof ***

▸▸ www.brunnenhof.de

Dieses kleine Hotel liegt mitten im Rotlichtviertel hinter dem Hauptbahnhof, aber es hat im Tripadvisor den Platz 1 unter den rollstuhlgerechten Hotels in München bekommen. Es hat mehrere sehr gut eingerichtete rollstuhlgerechte Zimmer (Bad mit befahrbarer Dusche), auch die Infos im Internet sind vorbildlich. Es gibt so-

Offizielles Stadtportal München

▸▸ www.muenchen.de
unter Verkehr/Mobilität: München ohne Handicap

Der beste Gaststättenführer

▪ CBF Club Behinderter und ihrer Freunde München
▸▸ www.cbf-muenchen.de

gar ein Zimmer mit Pflegebett. Hier kennt sich jemand wirklich aus.

Etap Hotel München City Süd ★★★
▸▸ www.etaphotel.com

Der absolute Preisbrecher! Die französische ETAP-Kette hat vier Hotels im Großraum München, von denen aber nur dieses in der Stadt selber liegt. Ein rollstuhlgerechtes Zimmer im Erdgeschoss, das Bad mit befahrbarer Dusche, das gesamte Erdgeschoss mit Frühstücksraum völlig barrierefrei. Parkplatz direkt am Eingang. U-Bahn St. Quirinplatz, Ausgang Philipuskirche.

Die U-Bahn

Fast alle U- und S-Bahnhöfe in München haben einen Aufzug. Mit Hilfe einer Begleitperson kann man überall gut einsteigen. Wer alleine ist, muss um Hilfe bitten: Die Abstände zwischen Gleis und Zug sind oft sehr groß.

Sehenswürdigkeiten barrierefrei

Für die Altstadt und den Viktualienmarkt benötigt man breite bequeme Mountain Bikes am Rollstuhl (Kopfsteinplaster!)

Marienplatz und Rathaus

Ein gutes Ziel für Rollstuhlfahrer. Marienplatz ganz eben, im Sommer viele Restaurants mit Tischen draußen, innen im Rathaushof Rollstuhltoilette und schönes Restaurant. Die Buchhandlung Hugendubel ein schöner Ort zum Stöbern, alles barrierefrei mit Aufzügen, schönes Cafe ganz oben, Besucher-Toilette für Rollstuhlfahrer. Um die Ecke der berühmte Viktualienmarkt (aber Achtung: Kopfsteinpflaster und keine Toilette, die nächste ist die im Rathaushof).

Vom Rathaus zur Oper

Hinter dem Rathaus kann man rechts eine kleine Gasse gehen und kommt zu Dallmayer. Das traditionsreiche Feinkosthaus ist im Erdgeschoss barrierefrei und sehr sehenswert, aber das Restaurant ist nur über eine Treppe zugänglich. Das ist jedoch nicht schlimm, denn nur einige Schritte weiter ist man beim Brauhaus Franziskaner (alles barrierefrei, Toilette für Rollstuhlfahrer). Entweder dort oder beim Spaten (weitgehend barrierefrei, keine Toilette für Rollstuhlfahrer) direkt am Opernplatz kann man Pause machen und sich zwei leckere Weißwürste mit Brez'n schmecken lassen, dazu ein Spezi oder ein Weißbier trinken. Die ganze Strecke ist eben und gut asphaltiert.

Wunderbar für Rollstuhlfahrer. Eindeutig die beste und schönste von allen Pinakotheken. Gute Rampe am Eingang, überall Aufzüge, keine Stufen, top Toilette für Rollstuhlfahrer. Zugang zum Café über Personalaufzug, den man auch selber bedienen darf.

Picknick im Englischen Garten.

Olympiaturm

Fantastischer Blick über ganz München bis zu den Alpen. Unten ein Restaurant, wo man schön und barrierefrei draußen sitzen kann. Toilette für Rollstuhlfahrer im Erdgeschoss. Es gibt mehrere Parkplätze für Rollstuhlfahrer am Parkdeck direkt am Olympiapark. Zufahrt über Georg-Brauchle-Ring, durch die Schranke (Ausweis vorzeigen), dann direkt hinter dem Parkhaus links hoch auf das Parkdeck. Für Rollstuhlfahrer Parken und Eintritt kostenlos. U-Bahn-Station Olympiagelände. In Sichtweite der U-Bahn-Station ist übrigens auch die neue BMW World.
▸▸ www.olympiapark-muenchen.de
unter Olympiapark / Infos für Behinderte / Lageplan

Allianz-Arena

Auch, wenn Sie kein Bayern-Fan sind: Geradezu überwältigend ist das neue Stadion, wenn es mit 69.000 Zuschauern voll besetzt ist. Es ist fast völlig unmöglich, nach Beginn der Saison noch an ein Ticket heranzukommen – außer für Rollstuhlfahrer! Man wendet sich an den Rollwagerl Fanclub des FC Bayern (siehe oben) und bittet um eine Rollstuhlkarte (inkl. Begleitperson). Die Karten kosten nur einen geringen Eintrittspreis. Denken Sie an Ihren Euro-Schlüssel für die Toiletten! Die sehr leckeren Bratwürste im Stadion und auch das Parkhaus können Sie nur bargeldlos mit der Arena-Card zahlen, also vorm Stadion an den Schaltern eine kaufen.

▸▸ www.rollwagerl.de

Tierpark Hellabrunn

Ein Vergnügen für die ganze Familie – völlig barrierefrei und für Rollstuhlfahrer sogar kostenlos. Am besten mit der U-Bahn anfahren (Station Hellabrunn). Mit dem Auto auf den bewachten Parkplatz hinter dem Flamingo-Eingang fahren, der ist kostenpflichtig, hat aber zwei gute Rollstuhlparkplätze. Der ganze Tierpark ist flach und barrierefrei angelegt, auch die meisten Tierhäuser sind zugänglich. Es gibt mehrere Restaurants und Rollstuhltoiletten. Gehbehinderte Personen können sich kostenlos einen Rollstuhl ausleihen. Mein Extratipp: Möglichst früh morgens hingehen und Mountain Bikes aufziehen (Kopfsteinpflaster bei den Eisbären und Seelöwen).

▸▸ www.tierpark-hellabrunn.de

Sehenswürdigkeiten eingeschränkt rollstuhlgerecht

Hofbräuhaus

Innen barrierefrei, zum schönen Biergarten im Innenhof eine Stufe. Leider keine Toilette für Rollstuhlfahrer, man glaubt es nicht. Wohin mit dem Bier oder dem Spezi?

Neue Pinakothek

Nur über eine sehr lange, steile und holprige Rampe zugänglich, innen barrierefrei. Toilette für Rollstuhlfahrer.

Pinakothek der Moderne

Barrierefrei, Toilette für Rollstuhlfahrer. Café nicht zugänglich, nur über hohe Treppe erreichbar.

Leopoldstraße

Man kann auf schönen breiten (und geraden!) Bürgersteigen vom Siegestor bis zur Münchner Freiheit rollen. Aber wenn man einkehren will, gibt es Probleme. Die einzige Toilette für Rollstuhlfahrer ist im Karstadt an der Münchner Freiheit. Das bedeutet, abends zur Kneipenzeit und sonntags ist sie nicht offen. Und noch schlimmer: Nur in drei Restaurants an der langen Leo kann man überhaupt barrierefrei hineinrollen, und das sind das Steakhaus Asado, das McDonalds und der Burger King. Alle drei haben keine Rollstuhltoilette, aber die Toiletten im Asado und im Burger King sind immerhin ebenerdig und für gehfähige Rollstuhlfahrer erreichbar. Die Kneipen an der Leopoldstraße sind alle nicht für Rollstuhlfahrer zugänglich.

KAPITEL 7

Lanzarote

Ein tolles Hotel und Vulkane pur

Die Reise auf einen Blick

Reiseziel: Lanzarote, Süden
Reiseveranstalter: Neckermann Reisen
Fluglinie: Condor
Beste Reisezeit: Januar, Februar, März

Ganz nah an Afrika

Noch mit einem Fuß in Europa und doch schon fast in Afrika – das ist man auf der zu Spanien gehörenden Kanareninsel Lanzarote. Die Insel liegt nur wenige Kilometer vom afrikanischen Festland entfernt und ist deshalb die sonnensicherste und regenärmste von allen kanarischen Inseln. Und auch die spannendste! Denn hier kann man noch sehen und erleben, was der Ursprung *aller* kanarischen Inseln war: Vulkanausbrüche in grauer Vorzeit ließen die Inseln aus dem Meer erstehen.

Das Hotel – ein echter Geheimtipp

Hotel Timanfaya Palace ★★★★
Lanzarote, Costa Blanca
▸▸ www.h10hotels.com

Zimmer auch für Rollstuhlfahrer, barrierefreies Hotel Großes Badezimmer mit Badewanne (Badebrett mitnehmen)

Ich habe gar nicht viel über Lanzarote zu erzählen, aber über dieses Hotel *muss* ich berichten.

Auf Lanzarote war ich vor einigen Jahren mit einer Freundin, als ich noch sehr gut laufen konnte. Aber ich musste ein wenig auf meine Beine achten, und wenn ich müde war oder lange in der Sonne gelegen hatte, fiel mir das Laufen schwerer. Dann war ich sehr froh, wenn ein Hotel und das Gelände drumherum barrierefrei waren. Das Timanfaya Palace an der Playa Blanca im Süden der Insel war eine echte Entdeckung. Es machte sogar ein Pärchen dort Urlaub – beide Rollstuhlfahrer! Der klare Beweis, dass man dort wirklich gut zurecht kommt. (Und der Mann wagte sich an eine Tauchstunde im Pool, nur mit Armbewegungen! Echt mutig!).

Das Timanfaya Palace gehört zur spanischen Gruppe der H10-Hotels. Die gesamte H10-Gruppe ist ein echter Geheimtipp für alle Rollstuhlfahrer. In jedem Hotel gibt es Zimmer auch für Rollstuhlfahrer, und die Hotels sind alle barrierefrei. Allerdings gibt es normale Badezimmer, meistens mit Badewanne. Aber immerhin! (Nehmen Sie einen Duschhocker oder ein Badebrett mit).

Und, als extra Bonbon: Die Gruppe hat zwei Luxushotels in der Karibik! Die Dominikanische Republik ist normalerweise kein gutes Ziel für Rollstuhlfahrer: Ho-

■ H10-Hotels
▶▶ www.h10hotels.com

■ Neckermann Reisen
▶▶ www.neckermann-reisen.de

Timanfaya Nationalpark
- Promotour Turismo Canarias
▸▸ www.turismodecanarias.com
▸▸ www.urlaube.info/Lanzarote/Timanfaya.html

Lanzarote-Tipp
- Die sonnensicherste von allen Kanarischen Inseln
- Unbedingt einen Mietwagen nehmen

her Sand, Hitze und keine rollstuhltauglichen Hotels. Hier gibt es zwei tolle Hotels, die rundherum barrierefrei sind. Wir haben das Timanfaya Palace allerdings nicht direkt bei der H10-Gruppe gebucht, sondern bei Neckermann Reisen.

Vulkanische Landschaft im Nationalpark Timanfaya.

Timanfaya Nationalpark

- Bekannteste Ausflugsmöglichkeit auf Lanzarote
- Keine Toilette weit und breit, evtl. Inkontinenzslip anziehen

Das Hotel Timanfaya Palace ist nach dem größten Vulkan der Insel benannt, den Timanfaya. Der Vulkan ist erloschen. Das ganze Gelände ist heute Nationalpark und kann mit dem Mietwagen oder einem Leihwagen erkundet werden – vollkommen barrierefrei. Ich muss

Kamele im Nationalpark Timanfaya.

zu meiner großen Schande gestehen: Ich war nicht dort. Damals war ich sehr erschöpft von meinem Ganztagsjob und nicht bereit, auch nur einen einzigen Tag Sonne & Bikini für einen erloschenen Vulkan zu opfern. Wir waren furchtbar faul, nur im Hotel, und es war wunderbar. Aber die beiden Rollstuhlfahrer waren mit einem Busausflug im Timanfaya Nationalpark und erzählten abends begeistert davon. (Offensichtlich konnten sie noch einige Schritte laufen und in einen Bus steigen.) Auf Lanzarote gibt es außer dem Vulkan noch viel mehr Schönes zu sehen: Kunstwerke des berühmtesten Künstlers César Manrique oder den hübschen Ort Teguise. Wenn man nicht einfach am Pool in der Sonne liegen möchte!

KAPITEL 8

Auf dem Campingplatz

Ein Traumplatz am Gardasee –
günstig und überraschend barrierefrei

Ein sonniger Tag ersetzt hundert dunkle.

AUS ITALIEN

Der billigste Urlaub

In Deutschland regnet es den ganzen Sommer, Sie wollen unbedingt in den warmen Süden, aber in Ihrer Reisekasse sind nur 500 Euro? Für zwei Leute? Dann machen Sie doch einen Zelturlaub!

Traumziel Gardasee

Super Sommer, weiße Strände und ein atemberaubendes Panorama – das ist der Gardasee.

Ein ideales Urlaubsziel für Senioren und Menschen mit einer Gehbehinderung ist das hübsche kleine Städten Lazise im Süden des Gardasees. Obwohl direkt am See, ist es völlig eben. Keine Treppen, keine Berghänge! Zudem ist es autofrei, den Wagen kann man auf einem bewachten Parkplatz abstellen. Alle Wege und Plätze sind neu gepflastert und gut begehbar, denn in der Mitte aller Kopfsteinpflasterwege befindet sich ein glatter Mittelstreifen. Ganz toll für Rollstuhlfahrer und Kinderwagen! Man wird nicht durchgerüttelt. Hier hat jemand wirklich mitgedacht. So etwas habe ich in Deutschland noch nicht gesehen! Und damit noch nicht genug. Jedes Geschäft und jedes Restaurant hat eine Rampe am Eingang. Und der Geldautomat an der Bank ist einen halben Meter tiefer angebracht, sodass auch Rollstuhlfahrer bequem Geld ziehen können. Auch das habe ich in Deutschland noch nicht gesehen.

Camping Laquercia

- Lazise, Gardasee
- Völlig barrierefrei, extra rollstuhlgerechte Bungalows
- Bad mit bodengleicher Dusche und Haltegriffen
- ▶▶ www.laquercia.it

La Quercia – für uns der schönste Campingplatz am Gardasee. Es war unser erster Versuch, und direkt so ein Treffer, dass wir gar nichts anderes mehr ausprobiert haben. Wir haben den ganzen Urlaub dort verbracht – wunschlos glücklich. La Quercia heißt »die Eiche«, und in der Tat stehen auf diesem wunderschönen Campingplatz viele große Eichen, Olivenbäume sowie riesige pink- und orangefarbene Bougainvillea. Auch bei sehr großer Hitze haben die meisten Standplätze und Bungalows etwas Halbschatten. Der Platz liegt direkt am See und verfügt über einen schönen weißen Sandstrand. Das Gelände ist etwas schräg, weil es an einem Hang liegt. Das Selberrollen von ganz unten bis ganz oben ist recht weit und ziemlich mühsam. Es war noch eine andere junge Rollstuhlfahrerin da, die einen Elektroantrieb an ihren Rädern hatte und mich immer ganz cool überholt hat. Alles andere aber war easy, auch alleine.

Es gibt alle Läden, die man braucht, z.B. einen großen Lebensmittelladen, der sehr beliebt ist, weil er ab sieben Uhr morgens frische Brötchen und Zeitungen verkauft. Später locken der Strand, mehrere Schwimmbäder, Eisdiele, Restaurants … alles schwellenlos zugänglich. Besonders nett fand ich, dass auch eine Familie dort war, die ein extrem schwer behindertes kleines süßes Mädchen im Rollstuhl dabei hatte. Kein Problem dort, *tutto normalo*. Das Personal und alle Gäste sind überwältigend freundlich.

Man kann sein eigenes Zelt mitbringen, das ist die preiswerteste Übernachtungsmöglichkeit. Es gibt aber auch hübsche Bungalows zu mieten, von denen einige auch ebenerdig und ohne Stufen sind und über ein rollstuhlgängiges Bad verfügen. Diese sind sehr begehrt; dort wohnen viele Stammgäste, die jedes Jahr wieder kommen. Man muss sehr frühzeitig buchen. Wir waren mit einem Zelt dort und waren sehr erfreut, dass es auf dem Platz mehrere extra »Badezimmer« für Rollstuhlfahrer gibt (bodengleiche Dusche mit Klappsitz, höhenverstellbares Waschbecken, verstellbarer Spiegel und Toilette). Diese Badezimmer sind abgeschlossen. Man braucht einen Euro-Schlüssel (siehe auch Kapitel 6 *Auto – Wo Sie den hilfreichen Euro-Schlüssel bekommen*) oder kann ihn in der Zentrale gegen Gebühr mieten. Alles wird täglich mehrmals gewischt und ist extrem sauber.

Besonders gut gefallen hat uns auch, dass der Platz sehr gut bewacht ist. Sowohl tagsüber als auch nachts gibt es überall Sicherheitspersonal. Morgens, wenn wir aufstanden, klebte immer ein Kontrollzettel der nächtlichen Patrouille an unserem Vordach, wo ja auch der Rollstuhl stand. Wir haben ruhig geschlafen und uns auch tagsüber am Strand keine Sorgen gemacht um das Auto und alle anderen Schätze. Einfach perfekt.

Die Arena von Verona

- Ausflugsmöglichkeit am Gardasee
- Erstaunlicherweise barrierefrei
- Toilette für Rollstuhlfahrer, ohne Haltegriffe

Nicht nur der Campingplatz ist toll, sondern auch die Möglichkeiten für Ausflüge. Lazise liegt nicht weit entfernt von Verona. Die Opernaufführungen unter freiem Himmel ziehen jeden Sommer ein internationales Publikum an. Die fast zweitausend Jahre alte Arena ist deshalb so ausgestattet worden, dass Rollstuhlfahrer (in Begleitung) gut zurecht kommen.

Die Arena von Verona.

Behindertenparkplatz finden

Behindertenparkplätze in Städten mit berühmten Sehenswürdigkeiten sind immer direkt im Zentrum bzw. an diesen
Sehenswürdigkeiten. Es lohnt sich also, so nah wie möglich
mit dem Auto heranzufahren. Selbst wenn es immer enger
und voller wird und Sie denken: »Hier finden wir ja niiie
einen Parkplatz!« Bei berühmten Sehenswürdigkeiten gibt
es immer mehrere gute Behindertenparkplätze.

Alle Leute haben in Verona Parkprobleme, aber mit unserem blauen Behindertenparkausweis, der ja europaweit
gilt, hatten wir dort keine: Es gab tatsächlich genügend
Behindertenparkplätze, besonders rund um die Arena.

Wir kamen mittags in Verona an und hatten gar
nicht mit einem Opernbesuch in der Arena gerechnet.
»Komm, wir fragen mal, ob es Karten für Rollstuhlfahrer gibt! Nur aus Spaß!«, sagte mein Liebster, als wir
vor dem Kartenbüro standen. Und es gab eine, noch
für den gleichen Abend! Ein Superglück, denn ansonsten war alles ausverkauft. Und damit nicht genug: Die
Rollstuhlplätze sind unten im Parkett (logisch, woanders geht es nicht), dort, wo die teuren 300-Euro-Plät-
ze sind. Und so kam es, dass wir auf den besten Plätzen
unseres Lebens saßen, für etwa 30 Euro, so wie wir waren, in Jeans, T-Shirts und Turnschuhen, umgeben von
eleganten Pelzen, Abendkleidern und schwarzen An-
zügen. Egal! Es war ein einmaliges Erlebnis, dort unter
freiem Himmel die *Aida* von Guiseppe Verdi zu sehen.

Sirmione

- Ausflugsmöglichkeit am Gardasee
- Völlig barrierefrei und rollstuhlgeeignet
- Die Schiffe auf dem Gardasee sind rollstuhlgerecht und verfügen auch über Behindertentoiletten. So kann man gemütlich den schönen See entdecken!

Sirmione ist eine Halbinsel ganz im Süden des Sees und von Lazise aus ein lohnender Tagesausflug. Die Insel ist schon seit der Antike ein Domizil wohlhabender Italiener, und so kommt es, dass dort viele prächtige Villen, große Hotels und weitläufige Gärten zu bestau-

Scaliger-Burg auf Sirmione am Gardasee.

nen sind. Es geht natürlich steil bergauf, wie auf jeder Insel, aber laufen muss niemand: Es fährt eine hübsche Bimmelbahn den Berg hoch. Diese ist eigentlich nicht rollstuhlgeeignet, aber der nette Fahrer hat erst meinen leichten Rolli hineingehoben und dann mich (auch leicht), und so ging es dann doch.

Wir haben uns vor allem die Ausgrabungsstätte einer prächtigen römischen Villa angesehen. Der allerschönste Platz aber ist ganz oben auf der Insel, dort, wo nicht viele Touristen hinaufkommen: ein ruhiger Hain mit großen alten Olivenbäumen, die Wege gesäumt mit hohen Rosmarinhecken und duftendem Lavendel. Für müde Wanderer gibt es schattige Holzbänke. Von dort oben hat man rundum einen wundervollen Ausblick auf den türkisfarbenen See weit unten und die Schwäne, die paarweise vorbei ziehen. Außer uns war niemand dort, wohl weil die meisten Touristen gerade in einem der vielen schönen Restaurants waren. (Aber es gibt, dies als Beruhigung, nur wenige Meter weiter unten ein neues kleines Museum mit perfekter Rollstuhltoilette). Wir haben uns in den Schatten eines Olivenbaumes gelegt und eine entrückte Mittagsstunde erlebt. *Dolce far niente!*

Camping auf einen Blick
- Bungalow mieten
- Halbes Jahr vorher fest buchen
- Euro-Schlüssel mitnehmen

KAPITEL 9

Zum Taj Mahal in Indien

Atemberaubend – ein Kontinent erwacht

Lasst uns in jedem von uns erkennen, was in ihm heilig ist.
MAHATMA GANDHI

Namasté! Willkommen in Indien!

Indien ist ein faszinierender Kontinent, farbenprächtig und wunderschön. Diese Reise ist spannend, sie berührt Herz und Verstand. Indien ist aber auch unglaublich arm und dreckig – ein Entwicklungsland. Indien hat zur Zeit 1,3 Milliarde Menschen und ist damit die zweitgrößte Nation der Welt (nach China). Nach Angaben der Weltbank hat jeder zweite Inder weniger als einen Dollar täglich zum Leben. Trotzdem tragen alle Inder ihren Kopf hoch erhoben. Denn Indien ist auch, und darauf ist es besonders stolz, die größte Demokratie der Welt. Im Gegensatz zu China darf in Indien jeder sagen, was er will, und leben, wie er will. Die junge Elite in den Städten ist gebildet, unabhängig und wohlhabend.

Ein Kontinent erwacht! Wer als Rollstuhlfahrer nach Indien reist, braucht etwas vom Geist Mahatma

Die Reise auf einen Blick
Reiseziele: Delhi, Jaipur, Agra und Ranthambore Nationalpark
Veranstalter: Marco Polo Reisen
▶▶ www.marco-polo-reisen.com
Airline: Lufthansa
Beste Reisezeit: Januar/Februar
Temperaturen dort: tagsüber 25 Grad im Schatten, nachts 10 Grad

Mahatma Gandhi auf einer indischen Banknote.

Filmtipp
- Swades

Unser »Sehnsuchtsfilm Indien«, denn es gibt nicht nur eine wunderschöne Liebesgeschichte und hinreißende Musik, sondern: Alles stimmt! Ganz viel ist echt, authentisch: Der Flughafen in Delhi, die Landschaft Rajasthans, die Dörfer, die tolle Musik, die wirklich genauso aus den LKWs dröhnt, hübsche Frauen in bunten Saris ... aber auch die unglaubliche, schockierende Armut und der starke Wille der jungen gebildeten Generation: Wir schaffen das! Wir sind ein neues Indien! (aus meiner Rezension bei www.amazon.de)

Buchtipp
- Andreas Pröve, Mein Traum von Indien
▸▸ www.proeve.com

Gandhis, Indiens Gründungsvater: eine große Seele (Mahatma bedeutet »große Seele«), Klugheit, Mut und Unabhängigkeit.

Indien ist nicht barrierefrei

Indien gilt als eines der schwierigsten Länder weltweit für behinderte Reisende. Die Menschen haben andere Sorgen – hier geht es ums Überleben. Wer gelähmt ist, liegt zu Hause in seiner Hütte oder sitzt am Straßenrand und bettelt. Es gibt keine abgesenkten Bürgersteige, keinen Behindertenparkplatz, keine flachen Rampen und keine einzige Behindertentoilette. Alles, was man besichtigen kann, ist ebenfalls nicht barrierefrei. Trotzdem, es lohnt sich! Es ist einfach überwältigend! Für einen Urlaub in Indien sollte man als Rollstuhlfahrer allerdings noch einige Schritte gehen können, in eine normale Dusche steigen und vor allem, evtl. mit Hilfe, in die Hocke gehen und wieder aufstehen können.

Kinder bauen das neue Indien.

Indische Toiletten

In Indien gibt es – außer in den gehobenen Hotels – keine »westlichen« bzw. europäischen Toiletten (die etwa die Höhe eines Stuhls haben), sondern einfach nur ein Loch im Boden und glatte Wände ohne Haltegriffe. Wir waren nicht darauf vorbereitet (alle Reiseführer waren zu verschämt, um es zu erwähnen). Mein Liebster ist immer mitgegangen in die Damentoilette und hat mich festgehalten. Hätten wir es gewusst, hätten wir meinen Duschstuhl mitgenommen und ins Auto gelegt, der ist leicht, faltbar und hat Löcher im Boden. Zumindestens für kleine Angelegenheiten wäre das eine gute Lösung gewesen, die großen kann man ja im Hotel erledigen.

Wenn wir in einer Stadt waren, haben wir nach einem Luxushotel Ausschau gehalten, die liegen meistens nahe an den Sehenswürdigkeiten. Gegen ein Trinkgeld für den Portier durften wir immer die *european toilet*

*Indische Mutter
mit ihrem Kind.*

samt warmem Wasser, schöner Seife und kuscheligen Handtüchern benutzen.

Warum trotzdem alles gut klappt

Wer als Tourist in Indien unterwegs ist, bewegt sich in der Regel mit einem Leihwagen (samt Fahrer) vorwärts, und das macht es für Rollstuhlfahrer recht einfach. In Indien geht nur zu Fuß, wer sich etwas anderes nicht leisten kann. Wenn Sie also in ein etwas höheres Auto klettern können, steht Ihrer Entdecker-Reise nichts im Weg! Sie werden in Delhi am Flughafen abgeholt und sicher zu Ihrem Hotel und überallhin gebracht. Ein ei-

Klassisches indisches Stoffmuster.

gener Fahrer, das bedeutete auch eine zusätzliche helfende Hand, wenn Sie Hilfe brauchen.

Einen Leihwagen gibt es überhaupt nur mit Fahrer zu mieten. Die Städte sind zu groß und der Verkehr ist zu chaotisch, um selber fahren zu können. Es herrscht Linksverkehr, es wird mit lautem Hupen recht und links überholt, man kann die Verkehrsschilder nicht lesen (alles auf Sanskrit!) und dann laufen auch noch heilige Kühe und bunt bemalte Elefanten auf der Straße herum …

Rajasthan – Märchen, Mythen und Mogule

Unser Traum war es, den Taj Mahal und Tiger zu sehen, und wir wollten bei dieser Reise für uns alleine sein, weder in einer Gruppe gesunder Menschen noch

Mitten im Dschungelbuch.

in einer Gruppe von Rollstuhlfahrern. Was also tun? Nach mehreren vergeblichen Reisebüro-Besuchen flatterte die Antwort direkt in unseren Briefkasten: eine Werbung des Reiseveranstalters Marco Polo Reisen. Dort gab es genau die Reise, von der wir träumten!

Marco Polo Reisen kann man wirklich ein großes Lob aussprechen: Man kann telefonisch buchen (was mir lieber ist, weil es viel ruhiger und konzentrierter ist als im Reisebüro), und ich bekam eine kompetente Gesprächspartnerin für Indien, die nicht nur alle zur Auswahl stehenden Hotels persönlich kannte, sondern auch erfahren war in der Buchung von Reisen für Rollstuhlfahrer: »Es buchen öfter Rollstuhlfahrer bei uns.«

Wir entschieden uns für einen Non-Stop-Flug mit der Lufthansa – in nur acht Stunden ist man von München in Neu-Delhi. Außerdem hatten wir ein großes Auto, wo der Rollstuhl gut hinein passte. Bei den Hotels entschieden wir uns für die Standardhotels. Damit sind wir gut zurecht gekommen. Die Hotels waren jedoch nicht völlig barrierefrei.

Je mehr Sterne, desto barrierefreier

Als wir diese Reise buchten, gab es bei Marco Polo für diese Reise nur zwei Hotelrubriken: Standard und Luxus. Heute gibt es noch eine dazwischen: Exklusiv. Wenn ich Indien noch einmal buchen dürfte, würde ich die exklusive Hotelkategorie wählen. Es ist wirklich so: Je mehr Sterne, desto barrierefreier. Bei den Drei-

Sterne-Hotels sind die Zimmer und Badezimmer doch recht klein, und es kann im Hotel Treppen und Stufen geben. Ein zweiter Nachteil ist der, dass günstige Hotels einfach zu weit außerhalb liegen. In einer Zwölf-Millionenstadt wie Delhi, mit mörderischem Verkehr, kann ein Drei-Sterne-Hotel am Stadtrand schnell vier Stunden Fahrt pro Tag bedeuten.

Je teurer ein Hotel, desto besser auch die Lage. Die Luxushotels liegen immer an den schönsten Stellen der Stadt oder direkt in der Nähe der Sehenswürdigkeiten.

Die Hotels der Standardkategorie

Ashok Country Resort Delhi ***(*)

Zimmer (auch) für Rollstuhlfahrer, Hotel eingeschränkt barrierefrei, normales Bad mit großer Badewanne (wo der klappbare Duschstuhl gut hinein gepasst hätte, ich selber saß auf einem umgedrehten Eimer)

▸▸ www.ashokcountryresort.com

»Oh, you are from Munich!« Als der Inhaber des Resorts das hörte, war er begeistert. Denn in München hatte er vor vielen Jahren ein indisches Restaurant und hat später vom erarbeiteten Geld in Neu-Delhi das Ashok Country Resort gebaut – ein erfolgreicher Mann! Wir hatten ein großes Zimmer im Erdgeschoss mit Tür direkt in den wunderschönen Garten. Gärten und Parks sind ein wahrer Luxus in einer Millionenstadt wie Neu-Delhi, wo immer Smog herrscht – ein Ort, wo man mal in Ruhe tief durchatmen kann! Dieser Garten ist besonders idyllisch und ganz eben, auch für den Rollstuhl gut zugängig – und sehr beliebt für große indische Hochzeiten. Alles im Ashok war perfekt, nur das Restaurant liegt leider im ersten Stock und ist nur über eine große geschwungene Treppe zu erreichen. Am ersten Abend bin ich mühsam hochgelaufen und nach dem Essen auf dem Po wieder runtergerutscht. Als der Inhaber das sah (er war immer *all around*), wurden wir am nächsten Tag in die Hotelbar im Erdgeschoss gebeten und bekamen dort wunderbare Teller samt Dessert vom Büffet gebracht, außerdem einen Drink extra. Das war sehr nett, und alles war gut.

Clarks Amer Hotel Jaipur ***(*)
Zimmer (auch) für Rollstuhlfahrer, Hotel weitgehend barrierefrei, kleines normales Bad mit Dusche (muss zu Fuß betreten werden)
▸▸ www.hotelclarks.com

Das Clarks Amer in Jaipur hat ein sehr schönes Abendrestaurant im obersten Stockwerk, mit sagenhaftem Blick über die funkelnde Stadt. Die Touristen sind nicht die einzigen, die dort essen – auch wohlhabende Inder aus Jaipur selber verbringen dort schöne Abende. Das Essen ist einfach wunderbar, das Restaurant ohne Stufen erreichbar. Das Beste aber kommt hinterher: die große Freiluft-Bar oben auf dem Dach des Hotels. Sie ist auch bei jungen wohlhabenden indischen Paaren sehr beliebt. Denn egal, ob mit Alkohol oder ohne: Hier kann man auf bequemen indischen Bänken sitzen, an einem Drink schlürfen, dazu gewürzte Chips in leckere grüne Koriandersoße dippen – traumhaft schön! Das Zimmer war eher klein und unspektakulär, ohne Sitzecke, aber groß genug für meinen kleinen Rollstuhl. Das Bad ist sehr klein und muss zu Fuß betreten werden.

Palast der Winde

▪ Berühmte Sehenswürdigkeit in Jaipur

Jaipur ist die Hauptstadt des indischen Bundesstaats Rajasthan und weltberühmt durch das Hawa Mahal, den *Palast der Winde*. In Jaipur kann man bis heute die berühmte Mauer sehen, die an der Straßenseite des Palastes stand. Die zahlreichen Frauen des Herrschers durften den Palast nicht verlassen und auch nicht von außen gesehen werden. Aber sie wollten natürlich gerne nach draußen schauen! Die Lösung war eine hohe Mauer mit vielen vergitterten Fenstern. An diesem Gebäude sieht man: Rajasthan war nicht immer ein Teil des hinduistischen Subkontinents, sondern einige Jahrhunderte lang von muslimischen Herrschern aus dem hohen Norden besetzt, den Mogulen. Aus dieser Zeit übrigens stammt auch der Taj Mahal (beachten Sie den Halbmond oben auf dem Gebäude).

Danach lohnt es sich, zum Palast des Maharadjas von Rajastahn zu fahren (das »j« wird »dsch« gesprochen).

Buchtipps
- Mary Margaret Kaye: Palast der Winde
- Rajasthan, HB Bildatlas Spezial

Der Palast ist bewohnt, und es gibt bis heute einen Maharadja! Der prächtige Innenhof des Palastes kann besichtigt werden, samt Staatskarrosse, Pferden und Elefanten. Alles ist völlig eben, ohne Stufen, und für Rollstuhlfahrer sehr gut zugänglich. Zudem gibt es ein kleines Restaurant, ebenfalls ohne Stufen. Die elegante Palastgarde ist übrigens außen auf dem HB Bildatlas abgebildet.

Der wunderbare Hawa Mahal (Palast der Winde) in Jaipur.

Ranthambore Nationalpark

■ Schutzrevier für den indischen Tiger

Plötzlich ist man in freier Natur. Die Luft wieder immer besser, die Landschaft immer atemberaubender. Am Straßenrand Mädchen in bunten Saris, mit Wasserkrügen auf den Köpfen. Ranthambore war früher das Jagdrevier des Maharjas von Jaipur. Heute ist der Naturschutz wichtiger, und das Geld, das von den Safaris der Touristen kommt, ermöglicht ihn erst. Das berühmte »Dschungelbuch«, das war genau hier!

Im Ranthambore National Park.

Auf der Jagd.

Ich selber hatte vorher etwas Angst vor dieser Station, denn es war die allererste Safari meines Lebens. Schlafen mitten im Urwald? Fahrten in einem hohen Jeep? Und wie würde sich mein Rollstuhl im Dschungel schlagen? Dank Marco Polo war alles kein Problem. Die Hütte entpuppte sich als eine richtige Lodge mit Haupthaus, Schwimmbecken und kleinen festen Steinhäuschen, und das sogar in der Standardkategorie. Es gibt zwei Eingangsstufen, dann stabile Betten, Gitternetze an den Fenstern (gegen die Schlangen), eine ebenerdige Dusche und ein Waschbecken zum Dranfahren. Das war kein extra Häuschen für

Rollstuhlfahrer, die anderen sahen genauso aus. Und mein Rolli von Sopur erwies sich als absolut dschungeltauglich!

Und wir haben ihn tatsächlich gesehen, den Tiger, ganz früh morgens um fünf Uhr. Eine Tigermama mit zwei Kleinen!

Taj Mahal

▪ Das berühmteste Gebäude der Welt

Das Ziel und der Höhepunkt unserer Reise nach Indien – der Taj Mahal! Weltwunder und schönstes Zeugnis einer großen Liebe!

Es gibt drei Möglichkeiten für einen Rollstuhlfahrer, den Taj Mahal zu sehen. Entweder Sie können noch etwas laufen und nehmen außer dem Rollstuhl noch Ihre Krücken mit. Aber dann fahren Sie morgens hin, wenn es noch nicht heiß ist und Sie noch fit sind, denn es gibt viele Stufen. Oder Sie sind eine zierliche Frau mit einem großen starken Begleiter und Sie sitzen in einem leichten Starrahmen mit Mountainbikes. Dann kann man auch mehrere Stufen im Rollstuhl bewältigen. (So ist es bei uns, und wir haben ein sehr gutes Rollstuhltraining bei der VHS in München gemacht.) In allen anderen Fällen würde ich versuchen, zwei von den zahlreichen Polizisten am Eingang mit einem guten Trinkgeld zu bewegen, dass sie Sie mit Ihrem Rollstuhl die Treppen runter und hoch tragen.

In den Taj Mahal selber dürfen Sie dann wahrscheinlich gar nicht hinein, weil die Reifen zu dreckig sind. Ganz im Ernst! Sie müssen laufen oder sich hinein tragen lassen, anders geht es nicht. Aber drinnen gibt es nicht viel zu sehen, am schönsten ist es draußen!

Schon der Weg zum Taj Mahal ist für Rollstuhlfahrer nicht ganz einfach. Man muss sich einfach klar machen: Dies ist eines der berühmtesten Gebäude der Welt! Das

Der Taj Mahal.

ganze Gelände ist großräumig gesperrt, etwa eine halbe Stunde vorher müssen Busse und Autos auf großen Parkplätzen stehen bleiben. Weiter kommt man nur zu Fuß (gut eine halbe Stunde Rollstuhl schieben, durch die glühende Sonne, über die staubige Straße: unbedingt morgens hingehen sowie beide Hut und Sonnenbrille auf!) oder mit kleinen Elektroautos. Diese fahren bis zum Rand des großen Parks rund um den Taj Mahal. Wer kann, klettert hinein, der Rollstuhl wird zerlegt und auf die Vorderbank gepackt.

Aber dann, wenn man sich durchgekämpft hat, wartet ein einmaliges Erlebnis auf Sie! Ein wunderschöner großer ebener Park. Springbrunnen im Morgenlicht. Und dann – whom! – je näher Sie kommen, desto größer und überwältigender wird der Taj Mahal.

Clarks Shiraz Hotel Agra ***(*)

Zimmer (auch) für Rollstuhlfahrer, Hotel weitgehend barrierefrei, kleines normales Bad mit Dusche (muss zu Fuß betreten werden)
▸▸ www.hotelclarksshiraz.com

Beim Frühstück im Dachrestaurant waren wir atemlos: Wir sahen direkt auf den nahen Taj Mahal im frühen Morgenlicht! Ein Traum! Ansonsten ähnelt das Clarks Shiraz Hotel in Agra dem Clarks Amer in Jaipur.

Gesund bleiben in Indien

»Oh, Indien!« sagten Freunde von mir, »da haben wir drei Tage lang gekotzt. Alles dort ist so dreckig, und das Essen ist einfach furchtbar!«

Nun – *wir* haben nicht gekotzt, und *Sie* werden es auch nicht tun, weil Sie dieses Buch gelesen haben! Ich habe es schon oft gesagt und es gilt ganz besonders für Indien: Meiden Sie das Leitungswasser wie der Teufel das Weihwasser!

Wir persönlich mögen indisches Essen sehr gern. Alle gehobenen Hotels haben fantastische Restaurants und wunderbares Essen. Nicht das Essen ist furchtbar – das *Wasser* ist furchtbar. Und zwar überall, in den Zwölf-Millionenstädten Neu-Delhi und Mumbai genauso wie auf dem Land. Bitte bedenken Sie immer wieder: Indien ist ein Entwicklungsland. Der Großteil der Inder hat keinen Zugang zu frischem, saubereren,

Indische Speisen mit Curry und Reis.

klaren Wasser – *safe water*, wie es die Weltgesundheitsorganisation nennt – weder aus einer Leitung noch aus
einem Brunnen.

Was Sie deshalb wirklich nicht machen sollten:

- Etwas essen, wo Leitungswasser dran war oder drin ist
  (auch nicht vom Büffet im HYATT!)! Das sind: Kaffee und
  Tee, Eiswürfel, Fruchtsaft oder Cola im Glas, Salat, Frucht-
  salat, Dessertcremes, Obst, das nicht mehr geschält wird.
  Vergessen Sie Ihre gesunde europäische Ernährung! Das
  beste Essen in Indien ist etwas sehr Heißes, sehr Scharfes
  und lang Durchgekochtes: Linsen, Gemüse, Hühnchen,
  entweder mit Reis oder mit einem flachen Brot (Naan).

- Zähneputzen mit Leitungswasser (nehmen Sie das Wasser
  aus den Flaschen in der Minibar)

- Essen am Straßenrand – egal, was es ist und wie romantisch es auch aussieht – lassen Sie die Finger davon!

Als Proviant für lange Autofahrten sind hitzebeständi-
ge Müsliriegel sehr praktisch, die wir aus Deutschland
mitgebracht hatten (z.B. Drogerie Müller, Därr Expeditionsausrüstung). Als sie alle waren, haben wir uns
mit der Cola und den Erdnüssen aus den Minibars der
Hotels geholfen (unterwegs hilfreich: ein Taschenmes-
ser mit Flaschenöffner).

Rote Chilischoten trocknen in der Sonne.

Ansonsten hier noch der gute Tipp eines erfahrenen Arztes, der schon oft in Asien war: Jeden Morgen mit einer Immodium forte beginnen und jeden Abend mit einem Whisky beenden.

Ich weiß nicht warum, aber glauben Sie mir: Es hilft!

Indien-Tipps auf einen Blick
- Visum und Reisepass erforderlich
- Klappbaren Duschhocker mitnehmen
- Kein Leitungswasser in den Mund lassen
- Das Hotel so exklusiv wie möglich wählen

KAPITEL 10

Ägypten

Kairo und das Rote Meer – ein arabisches Märchen

*Wenn jeder ein bisschen
links und rechts schaut,
ist allen geholfen.*

SAMIRA, UNSERE FREMDENFÜHRERIN IN KAIRO

Kultur und Baden

Die meisten Touristen machen entweder das eine oder das andere: Entweder fliegen sie ans Rote Meer nach Hurghada zum Tauchen, oder sie fliegen nach Kairo, um die Pyramiden zu sehn und ins Ägyptische Museum zu gehen. Gut fünfhundert Kilometer und eine Menge Sand liegen dazwischen. Mit dem Bus oder mit dem Auto hätten wir einen ganzen Tag gebraucht.

»Wenn Sie beides machen wollen, brauchen Sie einen Spezialanbieter,« sagte der Mann im Reisebüro, und zog auch direkt den richtigen Katalog hervor. »Kultur und Baden« vom Reiseveranstalter OFT. Genau das wollen wir, und genau das haben wir dann auch gemacht: mit Hilfe eines Gabelflugs. Mit der Condor von München nach Kairo, mit der Egypt Air einen Inlandflug von Kairo nach Hurghada ans Rote Meer, und von Hurghada mit der Condor wieder nach Hause. Ein großes Kompliment an die Egypt Air: Wir hatten Be-

Die Reise auf einen Blick
Reiseziele: Kairo und Rotes Meer
Veranstalter: OFT Reisen www.oft-reisen.de
Airlines: Condor, Egypt Air
Beste Reisezeit: Februar/März
Temperaturen dort: tagsüber 25 Grad im Schatten, nachts etwa 15 Grad

fürchtungen, ob das wohl alles klappt. Aber die Egypt Air ist perfekt auf Rollstuhlfahrer eingestellt.

Beim Reiseveranstalter OFT kann man telefonisch buchen und wird ausgezeichnet beraten. Es gibt Gruppen- sowie Individualreisen, und man kann sich aus verschiedenen Bausteinen und schönen Hotels jeder Kategorie seine Traumeise zusammenstellen. Ja, und der Rollstuhl? »Dann empfehlen wir Ihnen eine Individualreise. Sie bekommen ein großes Fahrzeug mit Fahrer sowie eine eigene Fremdenführerin. Die wird Sie überall hinbringen.« So hatten wir es in Indien schon gemacht und wussten, dass das sehr gut klappt.

Ägypten liegt außerhalb der Euro-Zone. Dort kann man einen wunderschönen Urlaub verbringen und sich traumhafte Hotels aussuchen – und es ist immer noch

Blick auf das moderne Kairo.

nicht teuer. Die nächsten Tage verbrachten wir damit, im Katalog und im Internet die Hotelbeschreibungen auf Barrierefreiheit zu prüfen. Wir landeten beim ersten und einzigen Luxushotel unseres Lebens.

Kairo – modernes Märchen am Nil

Grand Hyatt Kairo *****
Direkt am Nil, auf der Insel Roda
Zimmer auch für Rollstuhlfahrer, Hotel völlig barrierefrei; normale Badezimmer mit europäischer Toilette (Stuhlhöhe) und breiter Badewanne (evtl. Duschstuhl mitnehmen), unten in der großen Haupthalle ägyptische Toilette (ca. 25 cm hoch)
▶▶ www.cairo.grand.hyatt.com

Das Grand Hyatt in Kairo ist sicher eines der schönsten Hotels in der arabischen Welt. Es liegt mitten im Nil, auf der Insel Roda, umgeben von traumhaft schönen Gärten und Botschaften. Das Ägyptische Museum ist auch nicht weit entfernt (Taxi fünf Minuten). Alle Zimmer des riesigen Hotels blicken auf den Nil – ein breiter tiefblauer Strom, gesäumt von Hochhäusern, Luxushotels, tollen Firmengebäuden, dem Cairo Tower und einer großen modernen Moschee. Am Nilufer ein Segelhafen, auf dem Fluss Felukken – der Nil darf nicht von Motorbooten befahren werden. Abends erstrahlt alles in einem magischen Lichterglanz, auch die Große Moschee wird angestrahlt. Die beleuchteten Restaurantschiffe der Luxushotels legen zum Dinner auf dem Nil ab. Und vom Drehrestaurant des Grand Hyatt hat man einen Traumblick über das nächtlich funkelnde Kairo, am Horizont die angestrahlten Pyramiden.

Hier ist man wirklich mitten in einer anderen Welt: Mehrmals täglich ruft der Muezzin zum Gebet, von Lautsprechern über die Stadt getragen. Im Hotelzimmer ist an der Decke ein Pfeil aufgeklebt, der Richtung Mekka zeigt. Im Hotel sind die Gäste bunt gemischt, einige Touristen, wie wir, vor allem aber elegante westliche und arabische Geschäftsleute, die einen im Anzug

Der Schleier gehört zum Erscheinungsbild im Nahen und Mittleren Osten.

oder Kostüm, die anderen in eindrucksvollen bodenlangen weißen Gewändern und schwarz-weiß-karierten Kopfbedeckungen. Viele der Scheichs haben ihre Familien dabei, die Frauen verhüllt in eleganten schwarzen oder bunten Gewändern, viele auch das Gesicht verhüllt.

Ein arabisches Märchen – und vollkommen barrierefrei. Nirgendwo im ganzen Hotel eine Stufe. Und sogar das Restaurantschiff des Grand Hyatt ist auf dem Hauptdeck (wo das Büffett aufgebaut ist) barrierefrei. So eine abendliche Rundfahrt auf dem Nil ist ein Vergnügen, das Sie sich gönnen sollten (*nile river cruise*). Es gibt ein sagenhaftes Büfett und hinterher Bauchtanz, dazu den spektakulären Blick auf das nächtlich angestrahlte Kairo – ein Traum.

Noch ein Tipp, der unter das Motto fällt: Bitte nicht nachmachen! In das wunderschöne Drehrestaurant oben auf dem Grand Hyatt hat man uns nicht hinein gelassen. Herren brauchen einen dunklen Anzug mit Krawatte, Damen ein kleines Abendkleid oder Abendkleidung mit schicker Hose. Oh je! Das hatten wir natürlich nicht! Eine lange Jeans mit gutem weißem Hemd bzw. Bluse reichte nicht aus; »No jeans, please!« Peinlich, peinlich! Daran merkt man: Eigentlich nicht unsere Welt, so ein Luxushotel! Aber wir durften immerhin in der Bar direkt unter dem Restaurant sitzen. Von dort aus konnte man auch über ganz Kairo bis zu den Pyramiden sehen.

Einmal im Leben – ein arabisches Märchen!

Die Pyramiden

- Außen herum barrierefrei, aber sehr sandig und steinig, Mountainbikes nötig!
- Die nächst gelegene Toilette ist im Luxushotel Mena House Oberoi an der Zufahrt zu den Pyramiden

Die Pyramiden liegen auf einer windigen Anhöhe der Vorstadt Gisah, schon am Beginn der Lybischen Wüste, weit oberhalb des Dunstes der Millionenstadt – einer der Gründe, warum man sie so weit sieht. Der andere Grund ist, dass sie wirklich riesig und beeindruckend sind. Sie sind das einzige erhaltene Weltwunder der Antike und gehören zu den ältesten und bekanntesten

Die Pyramiden von Gizeh.

Die Sphinx.

Bauwerken der Menschheit (gut 4.500 Jahre alt). Auf der anderen Seite der Anhöhe befindet sich die weltberühmte Sphinx, deren Aufgabe es war, neugierige Eindringlinge von der Kultstätte der Pharaonen fernzuhalten. Sie sieht wirklich nicht sehr freundlich aus, ist weithin sichtbar – und nein, es war nicht Obelix, der ihr die Nase abgehauen hat! (Wahrscheinlich war es einfach der Zahn der Zeit, denn der Rest der Sphinx ist nicht beschädigt.) Zu ihren Füßen, ein Stück weiter unten, befindet sich ein großes Open Air Theater für die abendlichen Lightshows. Alles barrierefrei.

Als Rollstuhlfahrer kann man natürlich nicht in die Pyramiden hinein. Aber mein Freund, ein Zweimetermann, hat ebenfalls Abstand genommen, als er den winzigen Eingang sah. Offensichtlich haben manche der Gänge nur Krabbelhöhe. Nichts für große Menschen und auch nicht für Menschen mit Platzangst! Draußen im Wüstensand gibt es genug Spannendes zu sehen. Für uns hat es sich auch gelohnt, mit einer eigenen Reiseführerin unterwegs zu sein. Die ägyptische Polizei, die rund um die Pyramiden bis an die Zähne bewaffnet präsent ist, ließ uns bis ganz nah heran auf den Busparkplatz fahren, was Autos normalerweise nicht dürfen. Aber es gibt gute Straßen für die Touristenbusse, deshalb ist die ganze Umgebung der Pyramiden barrierefrei.

Ägyptisches Museum Kairo

▪ Am Haupteingang eine Rampe, im Gebäude ein Lastenaufzug, hinten im Hof eine Rollstuhltoilette
▶▶ www.egyptianmuseum.gov.eg

Das Ägyptische Museum Kairo ist eines der berühmtesten Museen der Welt, im Jahr 1835 erbaut und voll mit kostbaren Schätzen. Aber alle kommen nur wegen einem: dem jungen Pharao Tut-Ench-Amun. Nach dem Tod seines Vaters Aton wurde er schon mit neun

Hintergrundwissen
▪ Johannes Thiele: Die Sieben Weltwunder
Wie wurden die Pyramiden eigentlich gebaut?
Und welche antiken Weltwunder gab es noch?
Ein sehr guter und günstiger Überblick.

Tutenchamun im Ägyptischen Museum.

Jahren Herrscher über Ober- und Unterägypten. Er regierte zehn Jahre lang, bevor er, mit nur neunzehn Jahren, an den Folgen eines schweren Unfalls starb. Seine Mumie weist an mehreren Stellen gebrochene Beine auf. Das muss ein sehr langsamer und schmerzhafter Tod gewesen sein! Bis heute ist ungeklärt, ob es wirklich nur ein Unfall war oder ob der junge Pharao einem Mordanschlag zum Opfer fiel. Die berühmte goldene Totenmaske des jungen Pharao und der goldene Sarkophag gehören zu den ältesten und kostbarsten Museumsschätzen der Welt.

»Tut« befindet sich im ersten Stock des Museums – und es gibt nur einen kleinen Lastenaufzug, den man als

Besucher nicht selber bedienen kann. Zugleich war weit und breit niemand vom Personal zu sehen – Gebetszeit. Wir standen ratlos in der Halle, als Samira, unsere Reiseführerin, plötzlich aufgeregt sagte: »Dort ist die Direktorin!« Samira hat Archäologie studiert und mehrere Semester lang im Museum gearbeitet. Die Direktorin kam zu uns, eine kluge, gut aussehende Frau, die fließend Deutsch sprach. Sie war sauer: »Ich habe schon so oft gesagt, sie sollen zu Hause beten. Hier wird gearbeitet! Es ist völlig unmöglich, dass mehrmals am Tag das gesamte Personal eine Viertelstunde lang verschwindet.«

Ruckzuck erschien ein Mitarbeiter und brachte uns nach oben, blieb in der Nähe und half uns auch weiterhin. Denn auch die sensationellen Mumien, die vor kurzem gefunden wurden, liegen in einem extra temperierten Raum und sind nur über eine kleine Treppe erreichbar. Dieses alte ehrwürdige Museum ist leider, man muss es ehrlich sagen, überhaupt nicht barrierefrei, aber es wird alles getan, um zu helfen.

Zitadelle

- Berühmte Ausflugsmöglichkeit mit sensationellem Blick auf Kairo

Die Zitadelle ist ein patriotisches Ausflugsziel, nicht nur für Touristen, sondern auch für Kairoer Schulkinder in ihren hübschen Schuluniformen. Allen westlichen Touristen wird hier stolz erzählt, dass die Zitadelle 1176 vom

Feldherrn Saladin erbaut wurde und dass sein Heer von hier aus die christlichen Kreuzritter zurückschlug. Ein symbolischer Ort der Überlegenheit des Islam über das Christentum! Jeder Araber kennt diese Moschee mit den vielen kleinen Kuppeln. Heute werden in der ganzen Welt viele neue Moscheen nach dem Vorbild der Zitadelle in Kairo gebaut, auch in Deutschland.

Von der Zitadelle aus hat man einen fantastischen Blick über die Kuppeln und Minarette von Kairo, zum Beispiel auf die große Moschee Sultan Hassan und daneben die Mosche ar-Rifai, in der viele ägyptische Staatsoberhäupter beerdigt sind und auch Schah Reza Pahlewi, der letzte Schah von Persien, der seine letzten Lebensjahre im ägyptischen Exil verbrachte.

Bazar Khan al-Khalili

- Sehr spannend, auf keinen Fall versäumen

Der Bazar Khan Al-Khalili ist einer der ältesten Stadt-teile des islamischen Kairo. Anfangs überwiegen Läden für Touristen – glitzernde Stoffe, Wasserpfeifen, Par-füms, Gewürze, Edelsteine, dazwischen kleine Cafes, in denen Männer in langen Gewändern starken ägypti-schen Kaffee oder Tee trinken. Richtig spannend wird es aber erst, wenn die Wege ungepflastert und staubig werden. Es sind nur noch langgewandete Ägypter und tief verschleierte Frauen zu sehen.

Am besten ist man mit Führer unterwegs, denn es gibt keine Straßennamen und keine Hausnummern.

Orientalische Gewürze auf einem ägyptischen Markt.

Die einzigen Orientierungspunkte mitten im Bazar sind die Türme der Moscheen. Alle Straßen sind so angelegt, dass sie darauf hin führen. Es gibt alles, was ein Ägypter zum Leben braucht: Stoffe, lange Gewänder, Teppiche, Obst, Gemüse, Gewürze. Zu sehen gibt es außerdem eine alte Karawanserei, uralte Tore und Moscheen … der Bazar ist der spannendste Stadtteil des alten Kairo.

Iberotel Makadi Beach ＊＊＊＊＊
Iberotel Makadi Saraya Resort ＊＊＊＊
Makadi Bay, Rotes Meer
Zimmer auch für Rollstuhlfahrer, ebenfalls eignen sich die Erdgeschoss-Appartments direkt am Strand, Hotel barrierefrei, schöne Promenade
▸▸ www.iberotel.com

Im Hotel Makadi Beach.

Die Makadi Bay ist eine kleine geschützte Bucht, etwa 30 Kilometer südlich von Hurghada – ökologisch intakt, sauber und ruhig. Das Iberotel Makadi Beach ist das schönste Hotel in der Makadi Bay und liegt unmittelbar am hoteleigenen Strand. Das Haupthaus liegt etwas erhöht. Man kann sich als Rollstuhlfahrer überall alleine bewegen, das ist sehr praktisch, wenn der Liebste gerade eine gute Stunde zum Tauchen am traumhaft schönen Hausriff ist. Nur die Rampen direkt am Haupthaus schafft man nicht alleine, sie sind einfach zu steil. Aber es sind immer freundliche junge Ägypter in der Nähe. Das ganze Personal ist sehr nett und hilfsbereit. (Allerdings waren wir auch sehr nett und haben

gute Trinkgelder gegeben.) Ebenfalls sehr gut gefallen hat uns der Wäscheservice. Am nächsten Morgen hing alles frisch gewaschen und gebügelt im Zimmer.

Direkt neben dem Makadi Beach liegt das Makadi Saraya Resort, das ebenfalls Zimmer auch für Rollstuhlfahrer hat, und das für Familien mit Kindern geeignet ist. Jeden Abend gibt es an der kleinen Promenade eine halbe Stunde fröhliche Kindershow mit viel Singen, Herumhopsen und Applaus von den abendlichen Spaziergängern. Ganz süß – und barrierefrei!

Ägypten-Tipps

- Das beste Winterziel – flach, warm und sonnig!
- Preisgünstige Tophotels (keine Euro-Zone)
- Zum Abendessen schick machen
- Reisepass erforderlich

Tolle ägyptische Musik
Samira Said: Awini Beek und Youm Wara Youm

KAPITEL 11

Safari in Südafrika

Freundliche Menschen, überwältigende Sonnenaufgänge
und die Big Five – eine Reise fürs Leben

Wir sind alle Kinder Gottes,
und es ist unsere Bestimmung,
ihn in uns zum Leuchten zu bringen.
NELSON MANDELA

Eine Reise fürs Leben

Möchten Sie eine ganz besondere Reise machen? Und etwas erleben, das Ihr Herz berührt? Dann fliegen Sie nach Südafrika! Für Menschen mit Gehbehinderung und für Rollstuhlfahrer ist es ein perfektes Reiseziel. Das Klima ist gut verträglich und zu den besten Reisezeiten malariafrei, und viele Einrichtungen für Rollstuhlfahrer bieten europäischen Standard. Was will man mehr? Wir wünschen diesem schönen Land, dass es auch in Zukunft ein so wunderbares Reiseziel bleibt.

Ein Wort zur Sicherheit

Südafrika ist das Land mit der höchsten Kriminalitätsrate der Welt. Diese konzentriert sich vor allem auf die Townships und Innenstädte von Johannesburg, Kap-

Die Reise auf einen Blick
Reiseziel: Südafrika (Johannesburg)
Veranstalter: Protea Tours
Airline: Lufthansa über Frankfurt (seit kurzem fliegt die Southafrican Airways nonstop ab München)
Beste Reisezeit: Juni, Juli, August
Temperaturen dort: tagsüber 25 Grad im Schatten, nachts etwa 15 Grad

stadt und Durban, wo die sozialen Kontraste am größten sind. Entgegen des schlechten Rufes von Südafrika beim Thema Sicherheit sind alle Nationalparks und Privat Game Resorts bisher sehr sicher. Vielleicht auch deshalb, weil es dort einfach zu einsam ist: Kein Krimineller wartet tagelang in sengender Sonne an einer einsamen Straße, bis mal wieder ein Touristenauto vorbei kommt. Außerdem liegen an allen Nationalparks Polizeistützpunkte. Zweifellos ist die Großstadt mit ihrem sichtbaren Reichtum – Tophotels, Boutiquen, Golfplätze – ein lohnenderes Revier.

Wir persönlich fanden die Hilfsbereitschaft und Freundlichkeit der Menschen in Südafrika geradezu umwerfend – egal, ob schwarz oder weiß. Und obwohl wir dachten, dass der Rollstuhl ein zusätzliches Sicherheitsrisiko ist, war es genau umgekehrt: Alle waren *noch* freundlicher als sowieso schon, sobald sie mich in meinen Rollstuhl sahen.

Keine Zeitverschiebung

Südafrika gehört zu selben Zeitzone wie Deutschland. Das macht das Reisen sehr erholsam. Es gibt keine Zeitverschiebung und keinen Jetlag. Man fliegt die ganze Nacht über direkt nach Süden, den gleichen Längengrad entlang, bis ans andere Ende der Welt. Morgens früh sind Sie in Südafrika – ausgeruht und topfit!
Die Lufthansa fliegt nonstop ab Frankfurt, die South African Airways nonstop ab München. Der Zielflughafen

in Südafrika ist Johannesburg. Von dort aus sind alle Nationalparks und auch der Krügerpark gut zu erreichen.

Beste Reisezeit

Auch wenn es in Johannesburg die gleiche Uhrzeit ist wie in München – die Jahreszeiten sind genau spiegelbildlich zu unseren: In unserem Sommer ist dort Winter – der *afrikanische* Winter mit gut 30 Grad in der Sonne tagsüber. Die Hochsaison für alle Safaris, die teuerste Zeit in allen Hotels und sogar im Krügerpark so gut wie malariafrei. Die besten Reisemonate sind Juni bis August. Wenn man ein bisschen aufs Geld schauen muss (und wer muss das nicht), wählt man die ersten beiden Septemberwochen. Die gehören schon zur Nebensaison, sind aber noch sehr schön. Ende September beginnt die Regenzeit.

Im Reisegepäck braucht man vor allem Shorts, Shirts, Sonnenbrille und Hut, für abends eine lange Hose und langärmlige Bluse. Für die Safaris früh morgens und abends brauchen Sie eine warme Fleecejacke zum schnellen Überziehen (mit vielen Taschen: Taschentuch, Labello, Sonnenbrille, Fernglas, Fotoapparat ...).

Leider eignen sich unsere deutschen Wintermonate nur begrenzt für eine Safari. Wenn bei uns Schnee liegt, ist im südlichen Afrika Hochsommer – der *afrikanische* Sommer! Im Krügerpark kann es dann über 40 Grad heiß und sehr schwül werden, das Malaria-Risiko ist sehr hoch. Wir haben dort einen solchen Tag erlebt, weil es schon früh heiß wurde, das war kaum erträglich. Es war extrem schwül, alle Leute hatten Kopfschmerzen, und dann kam auch noch ein Sandsturm. Tiere gab es auch nicht zu sehen, weil die sich klugerweise alle irgendwo einen geschützten Platz gesucht hatten. Wenn man in den deutschen Wintermonaten in den Krügerpark reisen möchte, muss man wirklich tropentauglich sein und unbedingt eine gründliche Malaria-Prophylaxe machen. Wir bleiben bei unserer Empfehlung: Machen Sie Ihre Traumreise von Juni bis August, spätestens Anfang September.

Rollstuhlgerechte Camping Safaris

Silvia und Michael, die Gründer von Endeavour Safaris in Südafrika, hatten die tolle Idee, einen Minibus mit einer Rampe zu versehen und ihn so weit leer zu räumen, dass mehrere Rollstühle darin Platz finden. So entstand ein Safari Jeep für Rollstuhlfahrer.

Sehr praktisch und einzigartig! Denn so können auch Rollstuhlfahrer, die sich nicht selber umsetzen können (nicht aus eigener Kraft in einen normalen Jeep hochkommen und auch nicht hineingehoben werden können) an einer Safari teilnehmen.

Endeavour Safaris bietet eine attraktive Gruppenreise durch Südafrika und Botswana an. Alle Unterkünfte und die Safaris sind vollkommen rollstuhlgeeignet. Man kann seine eigene gesunde Begleitperson mitbringen oder eine Betreuung vor Ort bestellen. Buchen kann man direkt über Endeavour Safaris in Südafrika und auch bei einigen Reiseanbietern in Deutschland.

Rollstuhl-Safaris buchen

▸▸ www.endeavour-safaris.com
▸▸ www.globetrotterclub.com
▸▸ www.outbackafrica.de

Individuelle Tour mit dem Leihwagen

Wenn Sie noch einige Schritte laufen können und sich selber umsetzen können, ist eine individuelle Tour mit einem Leihwagen die erholsamste Art des Reisens in Südafrika.

Schon von Deutschland aus bucht Ihnen das Reisebüro einen Leihwagen, den Sie sich am Flughafen in

Johannesburg abholen. Schauen Sie den Wagen selber an, bevor Sie ihn nehmen! Er muss ein Allradgetriebe (*Four-wheeler*) und eine gut funktionierende Klimaanlage haben. Er sollte auch nicht zu hoch sein, damit Sie gut hinein kommen. Also kein typischer Jeep oder Geländewagen, sondern etwas Niedrigeres (z.B. Subaru Kombi).

Das Straßennetz in Südafrika und die Rücksicht gegenüber Rollstuhlfahrern entsprechen deutschem Standard (blauen Parkausweis mitnehmen!). An allen großen Tankstellen gibt es Rollstuhlparkplätze und Toiletten für Rollstuhlfahrer. Besonders empfehlenswert sind die großen »1st Stop« Tankstellen, entlang der Autobahn N4 (Johannesburg – Krügerpark) und in den Touristenorten nahe dem Krügerpark (z.B. in Hazyview). Es gibt Rollstuhlparkplätze, eine flache Rampe, ein Restaurant, einen großen Laden, wo man Getränke und Proviant für unterwegs mitnehmen kann, und eine sehr gute Rollstuhl-Toilette, mit Haltegriffen, Papier und Seife. Und alles mit Air Condition. Sehr erholsam!

Spezialreisebüro

Durch eine Empfehlung entdeckten wir das Spezialreisebüro Protea Tours in der Nähe von München. Die Inhaberin ist eine junge tüchtige Südafrikanerin, die einen Deutschen geheiratet hat. Sie hat uns den ganzen Urlaub nach unseren speziellen Wünschen zusammengestellt. Alle Lodges, die sie ausgesucht hatte, waren mit dem Rollstuhl gut zu bewältigen. Der Kontakt lief über E-Mail und Telefon. Wir bekamen eine perfekte Reisemappe mit Tickets, Autoreservierung, Karten, Wegbeschreibungen ... wir mussten gar nichts machen außer den Urlaub genießen. Wir fanden es sehr von Vorteil, dass hier jemand das Land, alle Lodges und die Menschen persönlich kennt.

Protea Tours
Spezialist für Reisen nach Südafrika und Namibia
▶▶ www.proteatours.de
Inhaberin: Marion Kober

Krüger National Park

Im Krüger National Park gibt es Lodges und Zelt-camps, die für Rollstuhlfahrer besonders gut geeignet sind. Diese können Sie schon von Deutschland aus buchen, z.B. über die TUI. In Reisekatalogen, auf Landkarten und im Internet sind sie mit einem Rollstuhlsymbol ausgezeichnet. Diese Lodges und Camps sind von Reisenden aus aller Welt sehr begehrt und schnell ausgebucht. Man muss mindestens ein Jahr im Voraus buchen.

Im Krügerpark gehen Sie selber mit Ihrem Leihwagen auf Pirsch. Das ist viel günstiger als eine Safari mit einem Guide und hat auch den Vorteil, dass Sie nicht in einen hohen Jeep klettern müssen. Der Nachteil ist, dass Sie viele Tiere ohne Guide nicht finden und wirklich immer selber fahren müssen, auch wenn Sie müde sind oder wenn Sie gerade viel lieber fotografieren würden. Ein zweiter Nachteil ist, dass viele Lodges im Krügerpark *self catering* sind und Sie sich selber um Ihre

---

Buchtipp zur Einstimmung

- Kobie Krüger: Ich trage Afrika im Herzen. Unser Leben im Krüger Nationalpark

Kobie Krüger hat fünfzehn Jahre lang mit ihrer Familie im Krügerpark gelebt. Mein Liebster hat das Buch gar nicht mehr aus der Hand gelegt. Für alle, die eine Safari planen!

Mahlzeiten kümmern müssen (und diese Kosten auch zum Reisepreis noch dazurechnen müssen, pro Person rund 100 Euro pro Tag).

Privat Game Resorts

Die entspannteste Art, Safaris zu erleben, sind Privat Game Resorts. Es sind sozusagen »All Inklusive Safaris«.

Hier wird man rundherum verwöhnt und sieht garantiert die *Big Five* und viele andere wunderbare Tiere. Direkt am Krüger Nationalpark liegen viele traumhaft schöne Privat Game Resorts, die zum Krügerpark hin offen sind (*Greater Kruger Park*). Man sieht also genau die gleichen Tiere, oft noch viel näher, denn im Privat Game Resort ist es viel ruhiger, und das mögen die Tiere. Privat Game Resorts haben zudem den großen Vorteil, dass man nicht selber fahren muss, sondern den Leihwagen am Camp abstellen kann.

Alle Safaris werden mit einem Rancher und einem Scout in einem Jeep durchgeführt. Diese Jeeps sind relativ hoch, der beste Platz für gehbehinderte Personen ist direkt neben dem Fahrer. Entweder kann man selber hinein klettern oder sich von zwei starken Helfern hinein und hinaus heben lassen. Toll fand ich es auch, dass man von der anstrengenden dreistündigen Safari zurück kommt – und in der Lodge wartet dann dann Frühstücksbüffet oder das Abendessen. Wunderbar!

Unser Spezialreisebüro Protea Tours hat für uns mehrere wunderschöne und weitgehend barrierefreie Lodges ausfindig gemacht. Sicher gibt es noch viele andere solche Unterkünfte. Hier sind einige, in denen wir selber waren und die wir Rollstuhlfahrern und gehbehinderten Reisenden aus ganzem Herzen empfehlen können. Alle genannten Game Lodges können Sie über Protea Tours buchen.

Marataba Safari Lodge *****
Marakele Nationalpark
Etwa 250 Kilometer nördlich von Johannesburg, Richtung Botswana
Zelt völlig barrierefrei, große ebenerdige Dusche
▸▸ www.marataba.co.za

Luxus pur – das ist Marataba. Ein ganz neuer Nationalpark, der unter der Schirmherrschaft von Nelson Mandela entstanden ist. In diesem riesigen Gelände gibt es nur die Marataba Lodge: einige Zelte und ein Haupthaus. Sonst nichts. Nur die wunderbare Natur, die wilden Tiere und der weite Sternenhimmel.

Marataba war unsere erste Lodge, und wir waren überwältigt. Jedes Paar wohnt in einem großen luxuriösen Zelt. (Die Lodge ist sehr beliebt bei südafrikanischen Honeymoonern.) Auch das designorientierte Haupthaus bietet Luxus pur. Wenn man abends von der Safari zurückkommt, brennen der große Kamin und tausend Kerzenlichter. In Marataba trafen wir Dominique, Chefreporterin vom Figaro in Paris, mit

Marataba Lodge.

ihrem Fotografen. Sie machten für die Wochenendausgabe einen Bericht über die fünf schönsten Privat Game Resorts in Südafrika, und Marataba ist eine davon.

Die Lodge ist – wie alle anderen auch – nicht eingezäunt, und nach Einbruch der Dunkelheit ist es *strictly forbidden*, sich außerhalb der Gebäude aufzuhalten und alleine draußen zu sein. Es muss immer ein Game Driver mit großer Taschenlampe und Gewehr dabei sein. Und was das Besondere an einem Zelt ist, lernten wir in der ersten Nacht: Man hört alles! Kaum ist das Licht gelöscht, scheint die Nacht nicht mehr still zu sein. Direkt an unserem Zelt war ein kleiner Brunnen, der nachts durstige Tiere anlockt. Und so liegt man zu zweit im Bett, kuschelt sich in die Arme des Liebsten und lauscht in die Nacht hinaus: Ist das ein Löwe, der da gerade an unserem Brunnen trinkt?

Tshukudu Game Lodge ✳✳✳

Greater Kruger Park

Bungalow extra für Rollstuhlfahrer; Lodge barrierefrei

Bad mit sehr großer bodengleicher Dusche und Haltegriff, an der Toilette keine Haltegriffe (aber Waschbecken direkt daneben, auch zum Festhalten)

▸▸ www.tshukudulodge.co.za

Diese Lodge nahe dem nördlichen Krüger Park ist so berühmt, dass sie auf vielen Landkarten extra eingezeichnet ist. Ala und Lolly Sussens haben hier einen wunderbaren Platz geschaffen, für ihre Kinder und Enkel, und für alle Menschen mit offenem Herzen. Die Gäste kommen aus aller Welt, und viele kommen jedes Jahr wieder. Aus Gästen werden Freunde. In der Lodge ist seit kurzem die Biographie von Ala Sussens erhältlich.

Die Liebesgeschichte von Ala und Lolly Sussens ist die Geschichte eines Jahrhunderts und zweier Kontinente. Ala Sussens stammt aus Polen und wurde im zweiten Weltkrieg, als junges Mädchen, von den Nazis ins Arbeitslager nach Sibirien verschleppt. Sie überlebte und konnte aus Europa fliehen. Sie kam nach Afrika, arbeitete auf einer Farm und lernte dort einen jungen Großwildjäger kennen … Aus dem Jäger wurde ein Naturschützer. Auf den Safaris im Tshukudu Game Resort haben wir die meisten Tiere gesehen, außerdem gibt es Savannah, eine zahme Gepardin, ein Schutzprojekt für junge Löwen und Geparden sowie Alas Vögel (lassen Sie sich überraschen, was das ist). Nahe der

Lodge liegt eine große Wasserstelle, die in der Trockenzeit für viele Tiere die einzige Rettung ist. Man sieht
viele Impalas, Elefantenfamilien mit ihren Kindern und
große Büffelherden.

Zwei der schlichten Bungalows sind rollstuhlgerecht. Das Auto kann direkt daneben geparkt werden.
Das ganze Gelände ist flach und gut zugänglich. Besonders lobenswert fand ich die rollstuhlgerechte Toilette
im Haupthaus, das gab es sonst nirgendwo. So kann
man vor einer Safari oder während des Dinners schnell
mal auf Toilette, ohne erst durchs Gelände auf die Behindertentoilette im Bungalow zurückfahren zu müssen. Ebenfalls lobenswert ist, dass die barrierefreien
Bungalows sehr nah am Haupthaus und am Souve-
nirshop liegen. Ein Rollstuhlfahrer aus dem USA, der
viele Jahre Stammgast war, hat alles mitgeplant, das
merkt man auch.

Junger Löwe auf Tshukudu.

Mohlabetsi Safari Lodge ****

Greater Kruger Park
Ein Rondaveel (Rundhütte) extra für Rollstuhlfahrer, Lodge
barrierefrei
Toilette normal ohne Haltegriffe, Dusche bodengleich
▸▸ www.mohlabetsi.co.za

Mohlabetsi ist der direkte Nachbar von Tshukudu (etwa
45 Minuten Fahrt). Beide Lodges sind ganz verschie-
den und jede ist den Besuch wert. Während Tshukudu
eher ein Gemeinschaftserlebnis und ansonsten schlicht
ist, wird man auf Mohlabetsi mit diskretem Luxus verwöhnt. Das fängt schon mit dem Wasser an: Mohlabetsi (»sauberes Wasser«) hat eine eigene tiefe Quelle,
eine Rarität im trockenen Greater Krüger Park! Tony
und Alma, die Besitzer, haben hier ein wahres Paradies

Urlaub für Frühaufsteher

In jeder Privat Game Lodge (»Privates Wildtierreservat«, im
Gegensatz zum staatlichen Nationalpark) gibt es zwei Game
Drives am Tag: eine morgens von 5 bis 8 Uhr und eine zweite
von 17 bis 20 Uhr. Die Morgen- und Abenddämmerung sind
die Zeiten, zu denen die Tiere Hunger haben und aus ihren
Verstecken hervorkommen. So schöne Sonnenaufgänge und
–untergänge hatten wir noch nie gesehen. Ein Urlaub für
Frühaufsteher! Abends um 22 Uhr, nach dem reichlichen
Dinner und einem guten südafrikanischen Wein, ist in allen
Lodges Ruhe.

geschaffen. Die Gäste wohnen in bunten Rondaveels (Rundhütten) – stilvoll und luxuriös! (Nachts hört man die jungen Löwen von Tshukudu herüber schreien.)

Das Abendessen ist sagenhaft gut und findet unter freiem Sternenhimmel im Boma statt, im geschützten runden Essplatz mit dem Feuer in der Mitte. Alma hat ganz eindeutig ein Händchen für gutes Essen und schöne Dekorationen. Ihr großer Laden in der Lodge ist der beste, den wir gesehen haben: sehr stilvoller Schmuck, Decken, Dekokugeln, Bilderrahmen, große bunte Masken ... Hier haben wir hemmungslos zugeschlagen und all unsere Afrika-Souvenirs gekauft.

Tony, Almas Mann, ist ein erfahrener Game Ranger und findet auch die scheusten Tiere. Außerdem hat er etwas sehr Praktisches erfunden: eine Art kleine Trep-

Schönheit auf Mohlabetsi.

pe, die er an den Jeep stellt – eine Einstiegshilfe, die er selber gebaut hat. Auf unseren Wunsch verkürzte er die anstrengenden dreistündigen Safaris auf eine Stunde. Wir haben trotzdem alles gesehen, sogar einen Geparden auf einem Felsen im Morgenlicht.

Entabeni Hanglip Mountain Lodge *****
Entabeni Game Resort nahe Polokwane (Pietersburg)
Ein Häuschen auch für Rollstuhlfahrer; Lodge barrierefrei
Bad mit bodengleicher Dusche (allerdings zu klein für den
Rollstuhl, man muss ihn vor der Dusche stehen lassen,
aufstehen und sich auf den Klappsitz an der Wand setzen),
Toilette mit gutem Haltegriff
▸▸ www.places.co.za/html/11046.html

Der Boma, ein windgeschützter Feuerplatz zum Grillen und Abendessen.

Die legendären Big Five
Beim luxuriösen Dinner in der Lodge gibt es nur ein Thema:
Wen von den legendären Big Five hat man schon gesehen
und wo? Welche Tiere das sind, merkt man sich mit der
Buchstabenfolge BRELL: buffalo, rhino(zeros), elephant,
lion, leopard.

Die Entabeni Hanglip Mountain Lodge liegt etwa 20
Kilometer südwestlich von Polokwane, in der Entabeni
Ebene vor den Waterbergen. Dort hat man einen sen-
sationellen Blick auf die Ebene, die Tiere und die Ber-
ge. Es ist immer etwas luftig, sogar im afrikanischen
Hochsommer, und es gibt genügend frisches und gutes
Trinkwasser für Menschen und Tiere.

Die Gäste wohnen in romantischen, kleinen, reetge-
deckten Häuschen. Eines davon ist für Rollstuhlfahrer
eingerichtet: stufenloser Eingang, breite Türen, auch
innen alles eben, großes Badezimmer mit gutem Halt-
griff und ebenerdiger Dusche, am Balkon eine Rampe
nach draußen. Das ganze Gelände ist fast eben. Vom
Balkon aus hat man einen wunderbaren Blick auf den
Hanglip Mountain und auf einen kleinen See, an dem
sich immer wieder Impalas und Kudus und nachts sogar Löwen einfinden.

In diesem kleinen Reetdachhäuschen ist es so ruhig
und so schön, dass man dort am liebsten bleiben möchte, solange es in Deutschland Winter ist. Man bräuchte
nicht mehr als einige Shorts und Shirts und ein Laptop

… ein idealer Platz für einen Schriftsteller. Auch gut gefallen hat uns, dass man auf Wunsch das Abendessen im Häuschen serviert bekommt. Das ist sehr schön, wenn man abends nach der Abendsafari zu müde ist, um noch zum Speisesaal ins Haupthaus zu gehen. Und wenn es kalt ist, wird ein Feuer im Kamin entzündet. Sehr romantisch!

Sonnenuntergang.

Toilette in der Wildnis

Was tun, wenn Sie auf einer dreistündigen Safari oder an einer langen Autostraße, mitten in der freien Landschaft, auf Toilette müssen? Gesunde Männer stellen sich dann an einen Baum, Frauen hocken sich ins Gebüsch ... aber das können Rollstuhlfahrer leider nicht! Wir hatten einen kleinen Campingfaltstuhl aus Gitternetzgewebe dabei, der in unseren Rucksack passt. Bei Bedarf kann man ihn schnell neben dem Auto aufbauen, sich darauf hocken, am Auto festhalten ... und alles ist gut. Frech, aber genial!

Diskreter sind Molicare-Windeln (Apotheke; lila Ausgabe Super plus) mit einer Plastikoberfläche, die (im Gegensatz zu den hübscheren Pants, die aber leider nicht völlig dicht sind) für mindestens sechs Stunden wasserdichte Sicherheit bieten (möglichst wenig essen und trinken). Aber wie die Pampers bei Kindern machen sie einen dicken Windelpo. Zu Hause ausprobieren, ob die Jeans dann noch passt!

Faszinierende Regenbogennation

Wie wäre es nach den vielen tollen Tieren noch mit etwas unvergesslicher Natur und Kultur? Südafrika – das sind nicht nur Safaris!

Blyde River Canon

- Berühmte Ausflugsmöglichkeit
- Nur an den Potholes völlig barrierefrei und rollstuhl-geeignet

Der Blyde River Canon ist eine der größten Sehens-würdigkeiten der Landes und gilt als der Grand Canon Afrikas. Die Landschaft ist überwältigend schön, und man fährt die Panorama Route: eine gut ausgebaute Straße mitten über einen breiten Bergrücken, mit immer wieder neuen spektakulären Ausblicken.

Blyde River Canyon.

Für Rollstuhlfahrer hat der beeindruckende Blyde River Canon allerdings einen handfesten Nachteil: Auf der ganzen langen Strecke, die immerhin eine Tagestour ist, gibt es nur eine einzige Rollstuhl-Toilette (am Restaurant an den Potholes). Überall woanders gibt es nur Aussichtspunkte und Parkplätze. Man ist immer von vielen Menschen umgeben und kann auch mal nicht eben schnell neben dem Auto …

Die Potholes entschädigen dann für die Nöte zwischendurch: Sie sind der schönste und sehenswerteste Aussichtspunkt von allen und wurden vollständig für Rollstuhlfahrer mitgestaltet: Es gibt gute Parkplätze, ein Restaurant, die ersehnte Toilette (sehr schlicht, aber doch) und einen extra für Rollstuhlfahrer angelegten (allerdings recht steilen) Besichtungsweg zu den Potholes.

Mein persönlicher Tipp: die Panorama Route gemütlich abfahren, die tolle Aussicht genießen und dann an den Potholes einen langen Halt einlegen, mit Besichtigungstour, Fotos machen, Postkarten und Souvenirs kaufen, essen gehen, Toilette. So lässt sich der Blyde River Canon entspannt genießen.

Kuschelige Hütte in den Bergen

Misty Mountain Lodge ***
Blyde River Canon
▪ Ein Häuschen auch für Rollstuhlfahrer; Lodge barrierefrei
▸▸ www.mistymountain.co.za

Auch das ist Südafrika! Sie sind zweitausend Meter hoch in Bergen, die Luft ist wunderbar, die Natur grün – das »Highveld« ist eine ganze andere Welt als das »Lowveld«. Unten Savanne, Armut, Hitze und Trockenheit, hier oben grüne Wälder, Bananen- und Orangenplantagen, bunte Bougainvillea und duftende Jacaranda-Bäume an der Straße, prächtige Anwesen à la Denver-Clan an den Berghängen, gut versteckte Tophotels. Hier kann man der Hitze und Trockenheit im Lowveld entfliehen, oder auch nur einfach mal ein Wochenende relaxen und schön essen gehen. Hier verbringen wohlhabende weiße Südafrikaner mit ihren Familien die Sommerferien.

Die schlichte, romantische Lodge ist von amerikanischen Berghotels inspiriert. Sie besteht aus einzelnen hübschen Hütten, einem Haupthaus mit Restaurant, zwei Pools, einem riesigen Garten mit Bougainvillea, Lavendel, Geranien, Lilien, einem großen bunten Papagei – und einer sensationellen Aussicht in die bewaldeten grüne Berge. Die Luft duftet nach Pinien, und das Wasser aus dem Hahn ist reichlich, frisch und klar, auch mitten in der Trockenzeit.

Es gibt eine barrierefreie Hütte für Rollstuhlfahrer mit einem allerdings sehr engen Bad. Wir durften umziehen in das kuschelige Häuschen Nr. 16, das hatte zwar eine Stufe am Eingang, dafür ein sehr großes Bad, zwei kleine barrierefreie Balkone und einen atemraubenden Ausblick. Wir haben die stabile breite Holzauflage auf der Badewanne, die wohl eher für Sektgläser gedacht war, als Badesitz für mich verwendet.

Am Eingang zum Haupthaus allerdings muss man zwei Stufen überwinden und noch mal eine direkt vorm Restaurant im kerzenbeleuchteten Flur (Achtung beim Rausgehen! Der Rollstuhl muss schon im Restaurant von der Begleitperson auf die Hinterräder gekippt werden, sonst macht man eine Rolle vorwärts auf den Fußboden!) und zum Frühstück auf der Terrasse auch noch mal zwei. Das ganze übrige wunderschöne Gelände ist barrierefrei, gut zugänglich, und wildromantisch.

Frieden ist der einzige Weg

In den reichen Bergen des Highveld ahnt man es noch: das weiße, Afrikaans sprechende Südafrika der Apartheid. Unten das arme, heiße und schwarze Lowveld, oben das reiche, luftige und weiße Highveld. Im Hotel lag sogar eine schicke Design-und Wohnzeitschrift mit dem Titel »Highveld«. Hier ist immer noch das meiste Personal schwarz, und durchweg alle Gäste sind weiß. Hoffentlich bleiben die Schwarzen geduldig und jagen die Weißen nicht irgendwann alle zum Teufel. Die einzige weiße Hotelangestellte, ausgerechnet die tüchtige junge Empfangsmanagerin, welche die gesamte Hotelbelegung organisiert, hat schon ein Visum für Australien und will auswandern. Sie ist nicht die einzige junge Weiße in Südafrika, die gehen will. Alle haben Angst vor Verhältnissen wie in Simbabwe. Wir wünschen Südafrika von Herzen, dass der Weg des Friedens, den Nelson Mandela begonnen hat, von Dauer ist.

- Nelson Mandela: Der lange Weg zur Freiheit
- Nelson Mandela: Meine afrikanischen Lieblingsmärchen
(wunderschön illustrierte gebundene Ausgabe)

Shangana Museumsdorf

- In der Nähe von Hazyview, sehr sehenswert
▶▶ www.shangana.co.za

Shangana ist ein authentisches Dorf, in dem auch heute noch Zulus leben – unter dem Schutz der Kulturbehörde von Mpumalanga. Touristen dürfen unter Anleitung

Zulu-Mädchen in Shangana.

in sehr kleinen Gruppen hindurchgehen. Man wird immer wieder darauf hingewiesen, dass dies keine Schauspieler sind, sondern echte Menschen, die sich über ein freundliches »Guten Tag« in ihrer Sprache freuen.

Wir waren mitten am Tag und alleine dort. Für Gruppen gibt es die Möglichkeit, eine Mittagstour zu buchen, zu der ein sehr gutes Zulu-Essen gehört. Zweimal in der Woche gibt es abends ein großes Zulu-Fest mit Feuer, Tanz und fantastischem afrikanischem Essen. Für das Abendfestival muss man sich vorher im Dorf anmelden (Telefonnummer auf der Homepage). Wenn Sie es miterleben möchten, müssen Sie Ihre Rundreise so planen, dass Sie genau dann zwei Nächte in der Nähe sind. Möglichst in Hazyview, dann müssen Sie nur wenige Minuten im Dunkeln heimfahren.

Südafrika-Tipp

- Klappbaren Duschhocker mitnehmen
- Pannensichere Reifen aufziehen (Akaziendornen!)
- Nicht in die Innenstadt von Johannesburg fahren
- Lodges und Hotels so exklusiv wie möglich wählen

KAPITEL 12

Wenn Sie gar nicht laufen können

*Tolle Urlaube für nicht gehfähige oder
pflegebedürftige Rollstuhlfahrer*

*Im Wörterbuch der Liebe
gibt es das Wort »unmöglich« nicht.*

ROBERT MÄDER

Alles ist möglich

Was, wenn Sie so schwer betroffen sind, dass Sie gar nicht stehen und laufen können? Viele Opfer von Motorrad- und Autounfällen und auch andere Rollstuhlfahrer sind praktisch von Beginn an schwerste Pflegefälle. Andere werden es mit der Zeit, z.B. nach einem zweiten Schlaganfall oder nach langen Jahren mit einer schweren Multiplen Sklerose. Und gerade dann braucht man ja einen Urlaub, weil man ja fast immer »zu Hause hängt« und vielleicht noch nicht einmal einen Balkon hat, um etwas Sonne tanken zu können. Ist dann alles aus? Oder kann man auch dann noch in Urlaub fahren?

Ein bisschen mehr an Hilfe

Es gibt einige Spezialreisebüros, die besonders viel Erfahrung mit schwerst behinderten und pflegebedürftigen Rollstuhlfahrern haben. Die dort erhältlichen Hotels und Ferienwohnungen sind alle komplett barrierefrei und rollstuhlgerecht. Die Reiseziele sind bisher leider begrenzt auf Deutschland, den Mittelmeerraum und die Kanarischen Inseln. Nur bei den Gruppenreisen des BSK gibt es auch weiter entfernte Ziele (Thailand, Südafrika).

Spezialreisebüros

- BSK Bundesverband Selbsthilfe Körperbehinderter e.V.
▸▸ www.reisen-ohne-barrieren.eu

- HandicapNet – Barrierefrei reisen
▸▸ www.handicapnet.com

- Mare Nostrum – Barrierefreier Urlaub in
  Gruppen und individuell
▸▸ www.mare-nostrum.de

- Runa Reisen – Urlaub mit Rollstuhl
▸▸ www.runa-reisen.de

Pflege unterwegs

Und was ist mit der Pflege? Fast immer muss die Begleitperson auch die Pflege leisten. »Ich kenne nur ein Hotel im Ausland, wo das mit dem Pflegedienst wirklich funktioniert, und das ist das Mar y Sol auf Teneriffa« sagte mir Michael Franz Geiss von Mare Nostrum am Telefon. Es gibt allerdings auch einige Seniorenresidenzen im Ausland, die an luxuriöse Privatpflegeheime in Deutschland angeschlossen sind (bei Runa Reisen), und wo man einen Pflegedienst bekommen kann. Eine dritte Möglichkeit bietet der BSK an: Hier kann der Rollstuhlfahrer eine Hilfe dazu buchen, sogar eine

Persönliche Assistenz, die rund um die Uhr für einen da ist. Dafür muss man ihr (oder ihm) den Urlaub bezahlen. Für den Rollstuhlfahrer bedeutet das doppelte Reisekosten.

Hotel Mar y Sol
Los Cristianos, Teneriffa
▸▸ www.marysol.org

Extra Service beim Fliegen

Die neuen Rahmenbedingungen in der EU schreiben vor, dass alle Fluggesellschaften in Europa *jeden* behinderten Fluggast befördern müssen und niemanden ablehnen dürfen. Neuerdings klebt deshalb oft ein Rollstuhlsymbol an einem Fensterplatz im Flugzeug. Was hat das zu bedeuten?

In jedem großen Flugzeug gibt es *eine* Reihe, in der die Armlehnen hochgeklappt werden können, sodass Sie als Rollstuhlfahrer bequem bis auf Ihren Platz rut-

Persönliche Assistenz
Tipps und Informationen für Menschen mit Behinderung
VIF Verein für Integrationsförderung e.V.
Claus Fussek
Telefon 089 – 20 15 466
▸▸ www.vif-selbstbestimmt-leben.de

schen oder gehoben werden können. Fragen Sie danach! Auf Wunsch bekommen Sie Ihren Fensterplatz genau in dieser besonderen Reihe (frühzeitig buchen!). Der Fensterplatz ist es deswegen, weil Rollstuhlfahrer nicht eben mal schnell aufstehen können, wenn der Sitznachbar auf Toilette muss. Ich persönlich finde, dass diese spezielle Sitzreihe auch für gehbehinderte Menschen und hoch betagte Senioren eine große Erleichterung ist, weil sie dann nicht mühsam über die Lehne turnen müssen. Dann allerdings sollte es der Gangplatz sein.

Costa Blanca, Spanien

La Esperanza Oasis * * * *
Haus und Garten völlig barrierefrei und rollstuhlgeeignet
Bad mit bodengleicher Dusche und Haltegriffen, Pool mit Lifter
▸▸ www.apartamentos-laesperanza.com

Die Reise auf einen Blick
Urlaubsziel: Calpe, Costa Blanca, Spanien
Reiseveranstalter: HandicapNet
▸▸ www.handicapnet.com
Airline: Condor
Beste Reisezeit: Juni bis September

La Esperanza Oasis, Spanien.

Hier hat sich ein deutscher Rollstuhlfahrer in Spanien einen Traum verwirklicht: Er hat eine nette Spanierin geheiratet und an der Costa Blanca in Calpe ein wunderschöne Finca mit Garten und Pool gebaut – vollkommen rollstuhlgerecht. Im Haus gibt es außer der Wohnung der Besitzer drei perfekt ausgestattete Ferienwohnungen in verschiedener Größe. Die Badezimmer verfügen über eine bodengleiche Dusche und über Haltegriffe links und rechts neben der Toilette sowie am unterrollbaren Waschbecken. Auf Wunsch kann man Hilfsmittel vorbestellen, z.B. Personenlifter, Elektrorollstühle usw. Der Garten ist völlig rollstuhlgängig, für den Pool gibt es einen Lifter (eigene Gurte mitbringen).

Die Freundlichkeit und die Hilfsbereitschaft von Paola ist wirklich umwerfend: Wir brauchten einen Leihwagen – sie hat uns hingefahren. Wir brauchten viel mehr Handtücher – auch kein Problem. Was uns auch gut gefallen hat, war der Abholservice: Wir wurden am Flughafen in Alicante von einem netten Spanier vom Roten Kreuz und einem Roll-In-Taxi erwartet. Der Weg von Alicante bis Calpe dauert fast eine Stun-

La Esperanza Oasis, Spanien.

de, das hätten wir nie gefunden. Außerdem mag ich es einfach, wenn ich in einem fremden Land ankomme und im Gewühl am Flughafen hält jemand ein Schild mit meinen Namen hoch.

Das Haus liegt am Hang, inmitten von anderen luxuriösen Fincas. Der Weg zum Strand von Calpe ist recht lang (mit Rollstuhl etwa eine Dreiviertelstunde) und zu Beginn sehr schräg und holprig. Schon zum Einkaufen ist es weit. Mit Leihwagen wurde das Leben leichter. Wir sind jeden Abend zum Essen an die stimmungsvolle Promenade von Calpe gefahren und haben dort zu Abend gegessen. Dort ist es völlig barrierefrei, überall Rampen, sogar an einigen Restaurants und hinunter zum Strand, und man hat einen sensationellen Blick auf das traumhaft schöne Meer.

Dies war ein toller Urlaub, und wir haben ihn sehr genossen. Was ich persönlich an diesem Urlaub in einer Ferienwohnung jedoch *nicht* gut fand war, dass mein Freund noch mehr Arbeit als sonst hatte. Zu Hause lebe ich als junge Rollstuhlfahrerin völlig selbstständig. Dort aber musste er plötzlich alles machen, von Einkaufen bis zur Pflege. Hat ihm nichts ausgemacht, sagt er. Trotzdem: Ich persönlich bin ein Fan von All-inclusive-Hotels. Ich möchte, dass es auch für meinen Liebsten erholsame Wochen sind. Und ich mag im Urlaub ein bisschen Luxus wie täglich frische Handtücher, gemachte Betten und schöne Büffets zu den Mahlzeiten. Der Luxus im Urlaub ist ein Ausgleich zu den Mühen, die wir sonst haben.

Kreta, Griechenland

Eria Resort ★★★★
Völlig barrierefrei und rollstuhlgeeignet
Bad mit bodengleicher Dusche und Haltegriffen
▸▸ www.eria-resort.gr

Dieses hübsche kleine und luxuriöse Hotel liegt in Maleme, nahe Chania, im Nordwesten von Kreta. Es bietet
die perfekte Erholung für schwerst behinderte Menschen

Eria Resort.

und ihre Partner: alles vollkommen barrierefrei, schöne Zimmer, jedes mit Balkon, ein großer sonniger Garten mit Liegen, ein Pool mit Rampe, sagenhaft gutes Essen (die Halbpension lohnt sich!). Frühstück und Abendessen werden als Büffets angeboten. Das Abendessen wird, wann immer möglich, im Garten am Pool unter freiem Sternenhimmel serviert. Sehr romantisch! Einmal in der Woche gibt es einen griechischen Folkloreabend mit rein kretischem Büffett. Ebenfalls einmal wöchentlich gibt es ein Barbecue am Pool, das ist so gut, da kommen auch alle, die sonst nur Frühstück gebucht haben.

Die Badezimmer verfügen über eine bodengleiche Dusche und über Haltegriffe links und rechts neben der Toilette sowie am unterrollbaren Waschbecken. Jeden Tag gibt es neue flauschige Handtücher und einen perfekten Zimmerservice. Auf Wunsch kann man Hilfsmittel bekommen, z.B. Pflegebett, Lifter, Duschstuhl, Elektrorollstuhl usw. Es gibt sogar einen Wäscheservice, der die Lieblingsbluse zwei Tage später frisch gewaschen und gebügelt zurückgibt. Die hübsche junge Chefin des Resorts hat immer gute Laune und ist, wie

Die Reise auf einen Blick
Urlaubsziel: Kreta, Griechenland
Reiseveranstalter: Mare Nostrum
▶▶ www.mare-nostrum.de
Airline: Condor
Beste Reisezeit: Mai/Juni und September

Halbes Jahr vorher buchen!

»At the begin of the season the season is sold«, sagte die Chefin des Resorts. Das Eria Resort verfügt nur über 11 Doppelzimmer und 2 Suiten, das sind große Zimmer mit 4 Betten. Macht 30 Gäste, und wenn man einer von denen sein will, muss man mindestens ein halbes Jahr vorher buchen. Das Eria Resort ist international bekannt. Es hat viele britische und skandinavische Gäste und wird auch in Deutschland von allen Spezialreisebüros angeboten.

alle, sehr nett und hilfsbereit. Ihr Mann besitzt mehrere Apotheken in Maleme und Chania. Braucht man was – ein kurzer Anruf macht es möglich.

Das Eria Resort hat einen eigenen Minibus mit Rampe und einen sehr netten, hilfsbereiten Fahrer. Auf Wunsch wird man vom Flughafen abgeholt und wieder hingebracht. Und, als Besonderheit: Fast jeden Tag werden tolle Ausflugsfahrten angeboten, ob in die orientalisch anmutende Altstadt von Chania, in die faszinierenden weißen Berge Kretas oder zu einem nahe gelegenen orthodoxen Kloster, in dem man Ikonen bewundern kann. Man kann sich natürlich auch selber einen Mietwagen nehmen, das haben wir gemacht. Dann kann man auch längere Fahrten unternehmen, wie zum Beispiel nach Knossos. Wir sind nach zwei Wochen braun gebrannt und gut erholt nach Hause gekommen, mit vielen spannenden neuen Eindrücken, und waren uns einig: Das war toll, das hat sich gelohnt.

Knossos

- Berühmte historische Ausflugsmöglichkeit nahe Heraklion
- Nur in Teilen barrierefrei und rollstuhlgeeignet

Knossos ist die älteste Kulturstätte Europas. Das Volk der Minoer hat hier schon um 1500 vor Christus die erste Hochkultur geschaffen: einen prächtigen Palast, wunderbare Wandgemälde, den bekannten Stierkult, religiöse Mythen und Gebräuche. Viele der berühmten griechischen Sagen sind schon in dieser Frühzeit entstanden, zum Beispiel die Sage vom »Ariadnefaden«:

Der Palast von Knossos.

Theseus, der Liebste von Ariadne, sollte dem grausamen Thesaurus (halb Stier, halb Mensch) geopfert werden. Jedes Jahr forderte das Ungeheuer sieben junge Männer und Frauen als Menschenopfer. Ariadne aber half ihrem Liebsten aus dem legendären Labyrinth des Thesaurus wieder heraus, weil sie ihm den Rat gab, auf dem Hinweg einen Faden hinter sich abzurollen. Von dieser Sage stammt die heutige Redewendung »den Faden verlieren«, wenn jemand nicht mehr weiß, wo er ist.

In Knossos gibt es mehrere große Parkplätze. Als Rollstuhlfahrer darf man (auch ohne Ausweis, siehe unten!) bis an den ersten direkt am Eingang vorfahren. Das Gelände selber ist in den wichtigsten Teilen mit Rampen versehen und deshalb weitgehend für Rollstühle zugänglich. Am Eingang stehen Führer für alle Sprachen. Es lohnt sich wirklich, sich einer der sehr guten Führungen anzuschließen. Ohne Führung ist Knossos nur ein Haufen alter Steine. Pela, unsere hübsche junge Führerin, hat Sprachen und Archäologie studiert, und hat mit ihrer Begeisterung Knossos für uns zum Leben erweckt. Hinterher gibt es am Eingang einen sehr schönen modernen Museumsshop, daneben eine ganz neue Rollstuhltoilette, und zum Ausruhen ein kleines Café mit Sandwiches und genial gutem frisch gepressten Saft – alles barrierefrei. Übrigens war ich froh, dass ich Sonnenbrille und Cappy aufhatte. Knossos liegt auf einer Hochebene. Es war Mittag, die Sonne brannte heiß vom Himmel und das ohne jeden Schatten. Es waren gut 30 Grad in der Sonne – Anfang Oktober!

Parkausweis und Mountainbikes!

Dieser Hinweis fällt unter das Motto: Bitte nicht nach-machen, lieber daraus lernen! Bei der Kreta-Reise hat-ten wir das Allerwichtigste und Selbstverständlichs-te vergessen: bequeme breite Mountainbikes und den Europäischen Parkausweis für Behinderte (der lag zu Hause im Auto in der Tiefgarage). So kam es, dass wir in der Altstadt von Chania die vielen freien Behinder-tenparkplätze direkt am Hafen nicht nutzen konnten, und ich mit meinen harten dünnen Sportreifen am Roll-stuhl auf dem alten Kopfsteinpflaster furchtbar durch-geschüttelt wurde, was viele schmerzhafte Stöße auf Po und Rücken bedeutete. Und in Knossos das gleiche! Ohne Parkausweis und Mountainbikes nach Griechen-land zu reisen, wo es so viele interessante alte Steine zu begucken gibt und auch die Bürgersteige meistens nicht in rollstuhlgerechtem Zustand sind – das grenzt schon

Schlafende Katze auf Kreta.

an Oberblödheit, wie mein Liebster es so schmeichelhaft ausdrückte. Leider ist es so: Gerade das Selbstverständlichste vergisst man manchmal! Denken Sie also lieber rechtzeitig daran (siehe auch Kapitel 5 *Reisegepäck*).

Chania
Ausflugsmöglichkeit nahe Maleme

Chania ist die nächste größere Stadt und wird vom Eria Resort als Ausflug angeboten. Kreta liegt ganz am Rand Europas, schon fast im Orient – das wird einem

Keramikmarkt in Chania auf Kreta.

hier zum ersten Mal bewusst. Die schönsten Stellen in Chania sind der Hafen, die Altstadt und die Markthalle. Das große Hafenbecken ist umgeben von hübschen Restaurants. Dort kann man einkehren, wenn man müde ist vom Bummel durch die orientalisch anmutende Altstadt mit ihren vielen kleinen Läden. Und ein Extratipp: Auch die Markthalle am Rand der Altstadt ist einen Besuch wert! Diese Halle ist wie ein Spezialitäten-Basar. Am Rand gibt es noch einige Fisch- und Fleischhändler, dann kommen wunderschön sortierte Obst- und Gemüsestände, duftende Gewürze, Honige, Mandeln und auch die dazu gehörigen bunten Teller und Töpfe. Sehr spannend – und barrierefrei!

White Mountains
Ausflugsmöglichkeit für Schwindelfreie

Kreta, das ist nicht nur Meer, sondern auch Berge. Und zwar richtig hohe Zweitausender, die durch den Kalkstein oft weiß erscheinen. Auch diese Fahrt ins Gebirge wird vom Eria Resort angeboten. Ich empfehle, einige Kaugummis gegen Reiseübelkeit mitzunehmen! Und zwar in Reichweite (Brusttasche von Hemd oder Bluse)! Wir hatten zwei Niederländer im Resort, die kamen völlig kreidebleich von diesem Ausflug zurück. Es geht wirklich hoch hinauf (und wieder hinunter, das ist noch schlimmer!), ständig durch enge Serpentinen und über atemberaubende Gebirgspässe, und direkt neben dem Auto geht es ohne Randbefestigung hunderte Meter steil bergab. Aber was für ein Ausblick! Was für eine Landschaft! Hier ist es völlig still, keine Zivilisation, man ist alleine mit dem lieben Gott, Schafherden und windschiefen Olivenbäumen. Und genau das ist Kreta!

White Mountains.

Teneriffa

Hotel Sheraton La Caleta *****
Teneriffa, Costa Adeje
Hotel und gesamte Anlage vollkommen barrierefrei und
rollstuhlgerecht
Großes Badezimmer mit Roll-In Dusche
▸▸ www.sheratonlacaleta.com

Teneriffa ist ein ideales Urlaubsziel für Rollstuhlfahrer
und gehbehinderte Menschen. Die Orte an der Süd-
küste – so kann man auf großen Schildern in EU-blau
lesen – haben sich vorgenommen, die barrierefreieste
und rollstuhlfreundlichste Urlaubsregion in Europa
zu werden. Und ich persönlich finde, sie sind es jetzt
schon! Zwar gibt es Hänge und Hügel, aber wenn man
sich unten am Strand bewegt, ist alles barrierefrei: die
lange befestigte Promenade, die meisten Läden und
Restaurants und viele schöne Strände.

Wir haben im Hotel Sheraton in Costa Adeje gewohnt,
das war sehr teuer, aber dafür perfekt: die Zimmer, das
gesamte Hotel, alle Restaurants und der ganze große
Garten vollkommen barrierefrei. Die großen Badezimmer haben eine Roll-In Dusche. Und im Garten gibt es
sogar einen Pool mit Rampe! Das Allerbeste aber: Das
Hotel liegt ganz unten am Meer und hat einen direkten
Zugang zur Promenade. So kann man bequem direkt
am Atlantik spazieren gehen oder rollen. An der Promenade liegen nette Restaurants, kleine Einkaufszent-

ren und auch die Innenstadt von Playa de las Americas – alles barrierefrei. Das Sheraton ist ein 5-Sterne-Hotel, das hatte uns zunächst etwas zögern lassen. Aber es bietet wirklich einen perfekten Urlaub für Rollstuhlfahrer und Begleitung, deshalb lohnt es sich.

Es gibt noch ein anderes Hotel auf Teneriffa, in dem Rollstuhlfahrer sehr gut klar kommen: die Appartementanlage Mar Y Sol. Es ist geradezu legendär. Bei uns mit im Flugzeug saß eine Rollstuhlfahrerin, die dort alleine Urlaub machte. Anscheinend kommt man im Mar Y Sol so gut klar, dass dies möglich ist.

Meeresblick.

Wir haben dort nicht gewohnt, aber wir waren natürlich neugierig und haben mal reingeguckt. Die Anlage ist sehr schön, in kanarischem Weiß und hellem Holz, und jedes Apartment hat hübsche Balkonmöbel draußen stehen. Das ganze Haus ist rollstuhlgerecht und ohne Stufen. Im Garten gibt es zwei schöne große Pools.

Ein großer Nachteil des Hauses ist aus meiner Sicht, dass es oben am Berg liegt und dass es sehr weit bis zum Strand ist. Mit einem manuellen Rollstuhl ist das nicht zu schaffen, weder runter noch hoch. Sogar für eine schiebende Begleitperson ist es mühsam. Man muss entweder die ganze Zeit in der Anlage bleiben, jedesmal ein Taxi nehmen oder sich einen E-Rolli ausleihen. Der entscheidende Vorteil des Mar Y Sol ist der Lero Service im Nachbarhaus. Bei diesen netten deutschsprachigen jungen Leuten gibt es alles: einen perfekten Pflegedienst, einen Abholservice vom Flughafen, E-Rollstühle zum Ausleihen, eine Rollstuhlwerkstatt, alle Hilfsmittel und vor allem natürlich die sehr beliebten Ausflugsfahrten. Wir haben auch eine mitgemacht, und das war ein sehr schöner Tag:

La Gomera
Die »grüne« Nachbarinsel von Teneriffa

Schon um sieben Uhr morgens wurden wir am Hotel abgeholt. So einen Bus hatten wir noch nie gesehen: Er hatte außen einen kleinen Aufzug, der mich mitsamt Rolli – schwupps – hinein beförderte. Es hatten etwa zehn Rollstuhlfahrer mit Begleitpersonen Platz in diesem Bus. Und es wurde ein sehr spannender Tag! La Gomera wird die »grüne« Insel genannt, weil sie, im Gegensatz zu Teneriffa, viele Quellen und genügend Wasser hat. Trotzdem ist das Leben dort schwer, denn erstens ist die Insel nur mit dem Schiff erreichbar, und alles, wirklich alles, von der Tageszeitung bis zum Zucker im Kaffee, muss mit der Fähre von Teneriffa herübergebracht werden. Deshalb gibt es auch kaum Hotels dort. Zweitens ist die Insel sehr steil, und jedes Stück Landwirtschaft liegt hoch am Berg. Man muss wirklich schwindelfrei sein, um dort zu wohnen und zu

La Gomera.

Protea.

überleben! In den Tälern sieht man vor allem Bananen-
und Dattelpalmen. Oben auf der Insel ist ein großes
barrierefreies Touristenzentrum mit einem traumhaft
schönen Garten, in dem sogar eine Protea blühte, die
Nationalblume Südafrikas.

Tejde Nationalpark
Der Vulkan und seine Folgen

Eigentlich wollte ich gar nicht unbedingt hoch. Ein
erloschener Vulkan! Und dafür einen Tag Sonne opfern! Gott sei Dank hat mein Liebster mich überredet.
Schon gegen halb acht Uhr morgens sind wir mit dem
Leihwagen losgefahren. Etwa auf halber Höhe wartet

eine Sensation: der Tejde Nationalpark. Die Vulkanausbrüche haben eine Landschaft hinterlassen, für die
mir die Worte fehlen: Es sieht aus wie eine Mischung
aus Mondlandschaft und Grand Canyon. Kaum etwas
wächst dort. Kein Vogel piepst. Nur pures, bizarr ge-
formtes Gestein. Und Stille. Nur Geräusch: der Wind
über der Hochebene.

Und noch eine Überraschung: ein neues barrierefreies Touristenzentrum, ein riesiger Parkplatz mit zahl-

Tejde Nationalpark.

reichen Behindertenparkplätzen, ein rollstuhlgerechter glatter Weg mitten in die steinige Wildnis – perfekt. Die Spanier machen das wirklich vorbildhaft.

Wir waren übrigens froh, dass wir so früh losgefahren waren. Gegen elf Uhr fuhr ein Bus nach dem anderen auf den großen Parkplatz, und dann war es vorbei mit der Ruhe. Wir sind schnell weitergefahren und waren froh, so magische Momente dort erlebt zu haben.

Die Reise auf einen Blick
Urlaubsziel: Teneriffa
Reiseveranstalter: Runa Reisen
▶▶ www.runa-reisen.de
Beste Reisezeit: ab Mitte März/April

Zum Schluss

Wir sind am Ende unserer vielen Berichte und Tipps angelangt.

Wir hoffen, Sie haben viele hilfreiche Tipps bekommen und hatten viel Freude beim Entdecken und Träumen!

Denn das ist das Wichtigste an jeder Reise:
Sie erfüllt unseren Geist und unser Herz mit Freude!

Anhang

Reiseveranstalter

Accessible Journeys
US-amerikanischer Reiseveranstalter
www.disabilitytravel.com

Accessible Worldwide Tourism
www.accessibleeurope.com

AIDA Kreuzfahrt
www.aida.de

BSK Bundesverband Selbsthilfe
Körperbehinderter e.V.
www.reisen-ohne-barrieren.eu

Endeavour Safaris
Rollstuhl Safaris in Südafrika
und Botswana
www.endeavour-safaris.com

Globetrotter Club
www.globetrotterclub.com

HandicapNet
Barrierefrei reisen
www.handicapnet.com

Marco Polo Reisen
Entdeckerreisen individuell
www.marco-polo-reisen.com

Mare Nostrum
Barrierefreier Urlaub in Gruppen und individuell
www.mare-nostrum.de

Neckermann Reisen
www.neckermann-reisen.de

OFT Reisen
Spezialist für den Orient und
Nordafrika
www.oft-reisen.de

Outback Africa Reisen
www.outbackafrica.de

Protea Tours
Spezialist für Reisen nach
Südafrika und Namibia
www.proteatours.de

Runa Reisen
Urlaub mit Rollstuhl
www.runa-reisen.de

TUI Reiseportal
www.tui.de

Hotels und Hotelgruppen

Brunnenhof
München
www.brunnenhof.de

Camping LaQuercia
Lazise, Gardasee
www.laquercia.it

Clarks Amer
Jaipur, Indien
www.hotelclarks.com

Clarks Shiraz
Agra, Indien
www.hotelclarksshiraz.com

Entabeni Hanglip Mountain
Lodge
Südafrika
www.places.co.za/html/
11046.html

Eria Resort
Kreta
www.eria-resort.gr

Etap Hotel München City Süd
www.etaphotel.com

Grand Hyatt Kairo
www.cairo.grand.hyatt.com

H10 Hotels
Spanien, Kanarische Inseln,
Karibik, Italien
www.h10hotels.com

H10 Ocean Blue
Punta Cana, Dominikanische
Republik
www.h10hotels.com

H10 Ocean Sand
Punta Cana, Dominikanische
Republik
www.h10hotels.com

H10 Timanfaya Palace
Costa Blanca, Lanzarote
www.h10hotels.com

Hyatt Hotels und Resorts
www.hyatt.com

Iberotel Makadi Beach
Rotes Meer, Ägypten
www.iberotel.com

Iberotel Makadi Saraya Resort
www.iberotel.com

Iberotel Hotels und Resorts
www.iberotel.com

Ibis München City
www.ibishotel.com

Ibis München City Nord
www.ibishotel.com

Marataba Safari Lodge
Südafrika
www.marataba.co.za

Mar y Sol
Teneriffa
www.marysol.org

La Esperanza Oasis
Calpe, Spanien
www.apartamentos-
laesperanza.com

Le Meridien
München
www.starwoodhotels.com

Misty Mountain Lodge
Südafrika
www.mistymountain.co.za

Mövenpick Airport
München
www.moevenpick-munich-
airport.com

Mohlabetsi Safari Lodge
Südafrika
www.mohlabetsi.co.za

Novotel München City
www.novotel.com

Sheraton La Caleta
Teneriffa
www.runa-reisen.de

Sheraton Hotels
www.sheraton.com

Sofitel Bayerpost
München
www.sofitel.com

Tshukudu Game Lodge
Südafrika
www.tshukudulodge.co.za

Ferienwohnungen

Ferienwohnungen für
Rollstuhlfahrer
www.rollstuhl-urlaub.de

1000 Wohnungen in mehr als
30 Ländern
www.rollstuhl-
ferienwohnungen.eu

Barrierefreie Ferienwohnungen
und Ferienhäuser in Europa
www.ferienwohnungen.de/
barrierefrei

Rollstuhlgerechte Ferienwohnungen in Dänemark
www.sonneundstrand.de/
kampagne/rollstuhlhaus/
rollstuhlhaus.aspx

Rollstuhlgerechte Ferienwohnungen auf Zypern
www.evas-apartments.com

Rollstuhlgerechte
Ferienwohnungen weltweit
www.accessibleaccommodation.
com

Ärzte, Firmen und
Organisationen

Ulrich Alber GmbH
Vor dem Weißen Stein 21
72461 Albstadt-Tailfingen
Telefon 07432 – 2006 – 0
www.alber.de

CBF Club Behinderter und ihrer
Freunde e.V.
Pallaswiesenstraße 123 A
64293 Darmstadt
Telefon 06151 – 81 220
www.cbf-da.de

CBF Club Behinderter und ihrer
Freunde München
Johann-Fichte-Straße 12
80805 München
Telefon 089 – 356 88 08
www.cbf-muenchen.de

Dr. Nikolaus Frühwein
Facharzt für Reise-/Tropenmedi-
zin – Gelbfieberimpfstelle – In-
fektiologie – Allgemeinmedizin
Brienner Straße 11
80333 München
Telefon 089 – 22 35 23
www.drfruehwein.de

Küschall AG
Benkenstrasse 260
CH–4108 Witterswil
Telefon 0041 – 61 – 487 70 70
www.kueschall.ch

Sopur
Sunrise Medical –
Hauptniederlassung Europa
Kahlbachring 2-4
69254 Malsch/Heidelberg
Telefon 07253 – 980 – 0
www.sopur.de
www.sunrisemedical.com

VIF Verein für Integrationsförderung e.V.
Claus Fussek
Klenzestraße 57c / 2. Hof
80469 München
Telefon 089 – 309 04 86 – 0
www.vif-selbstbestimmt-
leben.de

Alle anderen Links

Därr Expeditionsausrüstung
www.daerr.de

Deutsche Bahn
Mobilitätsservice
www.bahn.de unter »Handicap«

Deutscher Fußballbund
Hotelbroschüre Deutschland
www.bundesliga.de

Eddie Bauer
Outdoor Freizeitbekleidung
www.eddiebauer.de

FC Bayern
www.fcb.de

Globetrotter Ausrüstung
www.globetrotter.de

Landsend
Outdoor Freizeitbekleidung
www.landsend.de

Lanzarote
www.turismodecanarias.com
www.urlaube.info/Lanzarote/
Timanfaya.html

Lufthansa Reiseportal
www.lufthansa.de

München Offizielles Stadtportal
www.muenchen.de
unter Verkehr/Mobilität: München ohne Handicap

Neckermann
(unter Stichwort »Koffer« viel
Nützliches für die Reise)
www.neckermann.de

Reiseimpfungen und Reiseerkrankungen
www.reiseerkrankungen.de

Rollwagerl 93 e.V. Fanclub des
FC Bayern
www.rollwagerl.de

WHO World Health Organisation
(Weltgesundheitsorganisation)
www.who.de

Literatur

Markus Breitscheidel: Gesund
gepflegt statt abgezockt. Wege
zur würdigen Altenbetreuung,
Ullstein Buchverlage, Berlin
2008

Yvo Escales: Handicapped Reisen Deutschland (plus einige Seiten Ausland), Hotels, Pensionen, Ferienwohnungen, Ferienhäuser, Ferienbauernhöfe, für Gehbehinderte und Rollstuhlfahrer, FMG Verlag, Meerbusch/Bonn Ausgabe 2009

Mahatma Gandhi: Was macht es schon, wenn man uns für Träumer hält? Deutscher Taschenbuch Verlag, München 2001

HB Bildatlas Spezial, Rajasthan Delhi Agra, HB Verlag, Ostfildern 1999

Mary Margaret Kaye: Palast der Winde, Fischer Taschenbuch Verlag, Frankfurt am Main 2004

Kobie Krüger: Ich trage Afrika im Herzen. Unser Leben im Krüger Nationalpark, Verlagsgruppe Droemer Knaur, München 2003

Werner Tiki Küstenmacher: Was glaubt die Welt? Die fünf großen Religionen, Loewe Verlag, Bindlach 2004

Christoph Lixenfeld: Niemand muss ins Heim. Menschenwürdig und bezahlbar – ein Plädoyer für die häusliche Pflege, Ullstein Buchverlage, Berlin 2008

Nelson Mandela: Der lange Weg zur Freiheit, Fischer Taschenbuch Verlag, Frankfurt am Main 1997

Nelson Mandela: Meine afrikanischen Lieblingsmärchen (wunderschön durchgehend illustrierte gebundene Ausgabe), C.H. Beck Verlag, München 2007

Andreas Pröve: Mein Traum von Indien. Mit dem Rollstuhl von Kalkutta bis zur Quelle des Ganges, Piper Verlag, München 2003

Johannes Thiele: Die Sieben Weltwunder, Marix Verlag, Wiesbaden 2006

Stichwortverzeichnis

Bildnachweis

Norbert Schwarz: Coverfotos Pyramide und Taj Mahal,
Innenfotos Seiten 8, 100, 106, 109, 125, 127, 130, 141, 143,
145, 148, 150, 154, 156, 161, 162, 172, 174, 177, 178
Alle anderen Bilder: iStock

Der Delphys Verlag ist ein Imprint des
Europa Verlages Wien

ISBN 978-3-902738-01-1

© 2009 by Europa Verlag GmbH, Wien
Umschlaggestaltung: Paxmann text • konzept • grafik, München
Umschlagbilder: Norbert Schwarz (2) und iStock
Layout und Satz: Paxmann text • konzept • grafik, München
Druck und Bindung: Grasl Druck & Neue Medien, Bad Vöslau